KB253263

철학과 영상문화

초판1쇄 발행 | 2009년 6월 10일

철학과 영상문화

지은이 | 정영기
펴낸이 | 채주희
펴낸곳 | **해피 & 북스**

등   록 | 제313-2004-00119호(2004. 5.10)
주   소 | 서울특별시 마포구 망원동 379-41
전   화 | 02-323-4060, 322-4477
팩   스 | 02-323-6416, 080-088-7004
메   일 | happybooks2004@hanmail.net

ⓒ 정영기 2009

정   가 | 12,000원
I S B N | 978-89-962219-6-8 93100

이 책의 출판권은 출판사가 가지고 있습니다.
출판사의 허락 없이 내용의 일부를 인용하거나 발췌하는 것을
금합니다.

철학과 영상문화

정영기 지음

해피 & 북스

서 문

최근 사람들은 생각하는 철학의 시대에서 보는 이미지의 시대로 세상이 바뀌어 학문의 위기가 왔다고 한다. 특히 인문학자들은 디지털 미디어 스펙터클이 뿜어내는 이미지 문화 속에서 기존 학문의 한계를 인문학의 위기로 인식하기에 이르렀다. 이는 인문학이 급변하는 이미지 문화에 대해 보편적 지식체계를 구하지 못하고 전통적 문자언어와 관념적 지식만을 추구해온 데 대한 반성의 목소리일 것이다.

인문학은 인간의 삶의 방식에 대한 예술적, 역사적, 철학적 탐구이며 인문정신은 그러한 탐구를 기반으로 하여 삶의 지평을 넓히고자 하는 자세이나. 따라서 인문학은 반드시 인쇄매체의 허니인 책에 기반하여 진행될 필요는 없다. 문자가 발명되기 이전에도 넓은 의미에서의 문학과 역사와 철학은 존재했다. 그러나 문자 발명 이전의 문화는 시각 위주의 문화가 아니라 청각, 촉각도 모두 중요한 다중 감각적 문화였다.

따라서 이제까지의 인문학은 생각하고 그 생각을 말하고 생각을 글로 쓰는 문자중심으로 이루어졌지만 앞으로는 영상이미지를 읽고 해석하고 비판하며 자신의 생각을 영상으로 표현하는 영상이미지중심으로 교육이 이루어질 필요가 있다.

우리는 지금 모든 것이 급속도로 변하고 있는 뉴 미디어 시대에 살고 있다. 예컨대 영화, 비디오, 광고, 패션, 팝송, 랩, 신문, 잡지 등은 날마다 우리의 삶을 지배하고 조종하는 강력한 미디어로서 부상하고 있다. 이런 뉴미디어와 더불어 자라온 영상세대들에게는 활자로 된 문자매체보다 시각적 이미지로 되어있는 영상매체가 훨씬 더 호소력이 있다는 것은 부인할 수 없는 사실이다.

뉴미디어의 등장은 교육현장에 커다란 변화를 가져왔다. 우리는 지금까지 활자 책만이 지식과 정보의 중심이라고 생각해왔다. 그러나 종이 책과 문자매체는 정보사회와 하이테크 시대를 거쳐 오면서, 그 동안 누려오던 특권적 위치를 상실하게 되었다. 뉴 미디어 시대에 활자매체가 외면할 수 없는 가장 강력한 라이벌은 바로 영상매체일 것이다.

이제 현장교육에서는 매체활용에 대한 사회적 권유나 영상세대인 학습자의 요구를 더 이상 무시할 수 없는 처지가 되었다. "무엇을 가르칠 것인가"에 대한 것보다 "어떻게 가르칠 것인가"에 대한 심각한 고민을 할 시점이 된 것이다.

이 책은 우리의 교육 패러다임이 문자언어에서 영상언어로 변화되어야 한다는 인식에서 출발한다. 문자언어는 사건을 서술하고 대상을 묘사하는 의미에서 말하기라는 개념과 관련되어 있지만 영상언어는 이미지에 의한 대상을 재현하고 사건을 직접 제시하는 보여주기 개념과 연결되어 있다. 문자 언어와 영상 언어는 서로 대체할 수 없는 고유한 특성을 지니고 있어서, 영상 미디어의 발달로 영상 언어가 한 사회의 지배적인 언어수단이 된다 해도 문자 언어의 특성은 사라지지 않을 것이다.

뉴미디어 시대에 사회 환경이 변화하고 영상이미지가 폭발적으로 증가하고 있는 현실에 비해 이에 대한 전반적인 교육은 체계적으로 이루어지고 있지 않다. 예를 들면, 영상이미지를 바르게 읽고 해석하는 일, 영상이미지를 교육에 활용하는 일, 영상이미지의 본질과 제작과정에 대한 이해하는 일, 무분별한 영상이미지로부터 청소년을 보호하는 일 등이 그런 일이다. 특히 영상이미지를 교육에 활용하는 일도 개별교과목 별로 이루어져야 하고 교사와 학생들이 장기간에 걸쳐 노력해야 할 일이다.

　정보사회의 발전과 더불어 새로운 정보이용의 가능성이 높아졌지만 대부분의 사람들이 기본적으로 이를 자동적으로 사용할 수 있게 된 것은 아니다. 인간은 말을 하고, 쓰고, 읽을 수 있는 기본적인 문화활동을 하지만 이는 학습을 통해 활용하는 능력과 이해하고 생각할 수 있는 능력이 전제되어야 한다. 새로운 미디어의 경우도 이를 활용할 수 있는 능력 이상의 것이 중요하다. 새로운 미디어를 기술적으로 그리고 실제적으로 취급하는 능력과 더불어 중요한 것은 그것에 대해 생각하고 비판할 수 있는 능력이 결합되어야 한다는 것이다. 이런 능력을 배양하는 일은 미디어 교육이라는 개념에서 이루어져야 한다. 본 연구는 뉴미디어 시대에 필요한 미디어 교육의 부분이라고 할 수 있다.

　이 책은 크게 두 부분으로 구성되어 있다. 1부 영상문화와 윤리적 토론은 윤리적 문제들을 다루는 관련영화를 학생들이 보고 윤리적 토론을 진행할 수 있는 학습자료를 구성하는 것이다. 본 연구에서 윤리적 문제를 선택한 기준은 첫째, 적절한 영상자료기 있는 경우와 둘째, 가능한 한 토론이 이루어질 수 있는 경우이다. 그런 기준에서 선택한 문제는 크게 네 부분이다. 첫째는 일반적인 윤리적 분제, 둘째는 사회적 문제, 셋째는 인간의 문제, 넷째는 정보사회의 문제이다. 이렇게 네 부분으로 나누고 총 8 개의 문제를 다루고자 한다.

　첫째로 일반적인 윤리적 부분에서는 사형제도 존폐문제(데드맨워킹)와 악법도 법인가 하는 문제(타임투킬)를 다룬다. 둘째로 사회적 부분에서는 공동체주의와 자유주의 문제(길버트 그레이프)와 환경보존의 문제(원령공주)를 다루고자 한다. 셋째로 인간의 부분에서는 성선설과 성악설의 문제(파리대왕), 복제인간의 문제(가타카)를 다룬다. 넷째로 정보사회 부분에서는 정보사회의 찬반론(네트)과 가상현실 문제(후아유)를 다루고자 한다.

　1부는 여덟 가지 문제들을 찬성과 반대가 가능한 토론중심으로 구성해서 학생들이 서로 다른 가치관을 접해보고 스스로 가치관을 형성할 수 있도록 구성되어 있다. 구체적으로 영화의 중심 내용을 살펴 본 다음 그 문제를 기초로 하여 찬반으로 나누어 토론하고 최종적으로 확인하는 방법으로 토론을 진행한다. 윤리적 문제에 대한 토론을 찬성과 반대로 나누어 진행하는 이유는 두 가지이다.

　첫 번째 이유는 학생들이 어느 한 쪽의 견해에 치중하는 위험을 줄일 수 있기 때문이다. 실제로 우리의 문제는 한쪽의 견해로 뚜렷하게 결론나는 문제는 드물고 (남북문제처럼) 양쪽의 견해가 중첩되고 긴장되는 문제가 많다. 다른 문제의 경우도 마찬가지이지만 윤리적 문제의 경우 위험한 상황은 어느 한 쪽에 치우친 견해를 갖는 것이다. 어느 문제에 대한 자기의 견해만을 중요하게 생각할 경우에는 다른 견해를 가진 사람과의 대화나 토론이 가능하지 않기 때문에 자기와 다른 견해를 접하는 경험이 중요하다.

　두 번째 이유는 실제로 토론중심으로 진행하면 흥미로운 토론이 되기 때문이다. 영상매체가 가진 학습효과는 매체적 특성에 의해서 라기 보다는 매체를 통해 이루어지는 학습맥락과 학습자와 매체간의 상호작용성에 기초하여 발생하는 것이다. 그러므로 영상매체가 가진 진정한 효과는 영상매체를 사용하는 것에서 나아가 토론학습으로 전개되어야 한다. 그러나 찬성 반대로 나누기가 어려운 경우에는 관련 영상물에 대한 학생들의 토론형식으로 수업을 진행한다.

　2부 애니메이션과 철학교육은 미국과 일본의 애니메이션을 중심으로 철학교육의 가능성을 살펴보는 것이 목적이다. 2부에서는 3편의 미국애니메이션 〈몬스터주식회사〉, 〈미녀와 야수〉, 〈이집트왕자〉와 2편의 일본 애니메이션 〈공각기동대〉, 〈메모리즈〉를 살펴보면서 대학생들을 대상으로 하는 철학교육의 가능성을 모색하고자 한다. 〈몬스터주식회사〉에서는 철학적 사고와 패러다임 전환의 문제, 〈미녀와 야수〉에서는 효사상과 페미니즘, 남녀의 사랑의 문제, 〈이집트왕자〉에서는 종교의 문제, 〈공각기동대〉에서는 자아정체성과 생명의 문제, 〈메모리즈〉에서는 인간의 소외 문제를 다루고 있다.

차 례

제1부 영상문화와 윤리적 토론

제1장 데드맨 워킹: 사형제도 찬반론

1. 영화에 대해

영화 〈데드맨 워킹〉(Dead Man Walking)은 루이지애나주 뉴올리안즈에서 사회봉사 활동을 하는 헬렌 프레전(Helen Prejean) 수녀의 수기를 영화한 것이다. 당시 그곳에서 영화 〈의뢰인〉을 촬영 중이던 수잔 서랜든이 이 책을 읽고 남편인 팀 로빈스에게 영화화할 것을 제의했다고 한다. 원래 "Dead Man Walking!(사형수 입장)"이란 미국에서 사형수를 형 집행장으로 호송할 때 간수장이 붙이는 구령이다.

실제로 헬렌 수녀의 수기에 소개된, 루이지애나주에서 있었던 사건은 1977년 11월과 1980년 5월 서로 멀지 않은 두 지역에서 발생한 일련의 살인 사건으로 이 영화는 전자에서 스토리를, 후자에서는 주인공을 차용하여 각색한 것이다. 전자는 두 형제가 데이트 중이던 10대 남녀를 사탕수수밭에서 등 뒤에서 총으로 쏘아 죽이고 여자는 성폭행까지 한 사건이었다. 후자는 마을의 소문난 불량배 두 명이 집에 혼자 걸어가던 여자를 멀리 떨어진 숲으로 납치하여 강간을 한 후 살해하고 사흘 뒤에는 10대 남녀를 유괴하여 남자는 목을 칼로 베고 여자는 성폭행을 한 끔찍한 사건이었다.

2. 영화줄거리

헬렌 수녀(수잔 서랜든)는 뉴올리안즈 교외 세인트 토마스시의 흑인 거주 지역에서 평복 차림으로 〈희망의 집〉을 운영하면서 사회봉사 활동을 하는 수녀이다. 그녀는 어느 날 매튜 폰스렛(숀 펜)이란 백인 죄수로부터 한 통의 편지를 받는다. 매튜는 "감옥생활의 외로움과 고통을 달래줄 이야기 상대가 필요하다. 면회가 불가능하다면 편지라도 써달라"고 호소한다. 헬렌 수녀는 교구 신부와의 면담 끝에 그를 만나기로 결심하고 교도소로 면회를 간다.

교도소 내 교화사 팔리 신부는 헬렌 수녀에게 그런 흉악범이 도움을 청하는 것은 십중팔구 이용해 먹을 속셈인 것이니 조심하라고 신신당부한다. 특히 오랫동안 여자를 본 적도 없으므로 아주 권위적으로 대하는 것이 상책이라고 충고해 준다.

매튜와 자신의 친구 비텔로는 데이트 중이던 연인 〈홉과 월터〉를 사유지를 침범했다고 트집 잡아 숲속으로 끌고 가 여자를 강간한 후 두 남녀를 칼로 찌르고 후두부를 22구경 권총으로 쏘아 잔혹하게 살해한 사형수다. 게다가 그는 자신의 죄를 조금도 인정하거나 뉘우치지 않는 쓰레기 같은 인간이다. 헬렌 수녀를 만난 매튜는 "가난 때문에 변호사를 대지 못해 주범은 사형을 면하고 나는 억울하게 사형선고를 받았다"고 주장하면서 자신의 억울한 사정을 주정부 사면위원회와 연방법원에 탄원해 달라는 것이다. 매튜는 헬렌에게 사형을 면할 수 있게 도와줄 것을 간곡히 부탁하면서 자신의 꿈 이야기를 늘어놓는다.

"한번은 전기의자에서 사형 당하는 꿈을 꿨어요. 하느님이 주방장 모자를 쓰고는 입맛을 다시며 나를 빵가루에 굴려댔죠. 자기를 죽이려는 사람들 속에 있다 보면 정신이 이상해지죠!

당시 루이지애나주에서는 주지사 선거를 앞두고 "흉악범을 엄벌에 처하라(Get tough)"라는 선거구호가 곳곳에 붙어 있었다. 헬렌 수녀의 노력으로 최종 사면위원회가 열리지만 매튜에 대한 관대한 처분은 기각된다. 헬렌 수녀는 피해자 부모들로부터 비난을 받으면서도 매튜의 영혼을 구원하고자 정신적 조언자(spiritual advisor)로서 마지막 1주간 그를 돕겠다고 나선다. 그에게 성경을 읽어보라고 권할 때에도 하나님으로부터 빠져나올 구멍을 찾아보라는 식으로 이야기한다. 헬렌 수녀가 사형수 감방을 찾아갈 때면 천둥번개가 치는 것이 마치 선과 악이 마지막 불꽃 튀는 대결을 보는 것 같다.

또다른 사형수에 대한 형이 집행되는 교도소 밖에서는 사형을 지지하는 시민들이 "눈에는 눈(Eye for Eye)"이라고 외치는 가운데 헬렌 수녀 일행은 조용히 촛불 시위를 벌인다. 그렇지만 매튜는 자신이 소영웅이나 된 듯 TV 인터뷰를 할 때 인종차별주의, 백인 우월주의의 정치적 구호를 외친다. 마치 오클라호마 연방정부 청사를 폭파한 민병대(Militia)의 행동대원 티모시 맥베이 (그도 역시 사형선고를 받았음) 같은 반정부적인 언동이다.

매튜의 사형 집행을 면하게 하기 위하여 노력하는 헬렌 수녀는 무보수로 봉사하는 힐튼 바버(로버트 프로스키) 변호사와 함께 항소를 하고, 주지사에게 '사형제도'의 불합리성을 호소해 보는 등 매튜의 죽음만은 면하게 하기 위해 백방으로 노력을 기울인다.

헬렌 수녀는 끝까지 매튜의 마음을 돌이켜 보려고 "당신을 위해 십자가 위에서 돌아가신 예수 그리스도는 사랑으로 모든 것을 변화시키셨다"고 타이른다. 그리고 요한복음 8장 32절 "진리를 알지니 진리가 너희를 자유케 하리라"고 말해준다. 이 말을 들은 매튜는 형 집행일 당일 아침 거짓말 탐지기를 써보면 자신이 두 젊은이를 죽이지 않았다는 사실이 입증될 것이라고 수녀를 조른다. 그러나 형집행 예정일의 심리상태에서 결과가 제대로 나올 리 만무하다. 결국 가족들과 마지막 시간을 보내고 저녁 식사를 마친 후 밤 10 시30분 재심신청에 대한 연방법원의 기각 결정이 통보될 때까지 헬렌 수녀와 시간을 함께 보낸다. 마지막으로 고해성사를 하듯 "자기가 남자를 죽이고 여자를 강간한 것"이며 피해자들을 위해 처음으로 무릎 꿇고 기도했노라고 고백한다. 헬렌 수녀는 그 기도를 하나님이 들어주셨을 것이라며 "하나님의 자녀가 되었으니 죽음을 두려워 말고 평안히 가라"며 미소로써 작별을 고한다.

사형 집행 6 일전, 매튜의 절박한 호소로 그를 다시 만난 헬렌 수녀는 매튜로부터 '사형장까지 함께 하는 영적 안내자가 되어 달라'는 부탁을 받는다. 그 일은 여자로서는 전례가 없는데다가 무엇보다도 범행을 완강히 부인하는 그를 회개시켜야 하는 힘든 일이었다. 뿐만 아니라 인종차별주의자와 친구가 되려는 그녀를 빈민 지역의 아이들조차 외면하고 죽은 피해자의 부모들은 흉악범을 동정하는 그녀를 비난한다. 그럼에도 불구하고 매튜의 청을 수락한 헬렌 수녀는 사형집행까지의 6일간을 함께 보낸다.

사형장으로 걸어 들어가는 매튜는 사형장으로 가면서 헬렌에게 말한다.

매튜 : 헬렌 수녀님, 난 이제 죽어요.

헬렌 : 진실이 당신을 자유롭게 했어요.

매튜 : 더 좋은 곳으로 갈 테니 난 걱정 안 해요.

헬렌 : 주님이 이곳에 계세요.

매튜 : 난 아무 걱정 안 해요.

헬렌 : 그래요. 당신이 마지막으로 보는 게
　　　　사랑의 얼굴이길 바래요.

　　　　그러니 그들이 (사형 집행)할 때 날 봐요.
　　　　내가 그 사랑의 얼굴이 돼 줄게요.

사형장으로 걸어가는 매튜의 어깨에 헬렌 수녀가 손을 얹고 성경을 읽는다. 이때 "데드맨 워킹"의 외침이 들려온다. 사형장에는 피해자 부모가 지켜보고 있다.

집행관 : 마지막으로 할 말 있나?

매튜 : 네, 있습니다.
　　　　월터 아버지!
　　　　가슴속에 미움을 남겨둔 채 세상을 떠나고 싶지 않습니다.
　　　　내 죄를 용서해 주십시오.
　　　　당신에게서 아들을 빼앗은 건 끔찍한 일이었습니다.
　　　　홉 부모께는 제 죽음이 다소나마 위안이 되길 바랍니다.
　　　　전 살인은 나쁘다고 생각합니다.
　　　　그 주체가 나든, 여러분이든, 정부든 말입니다.

사형집행 시간 정시, 매튜의 팔뚝에 주사기를 꽂고 약물을 투여한다. 점점 희미해지는 매튜의 눈길은 헬렌 수녀를 바라보고 있다. 매튜가 죽어 가는 사이사이에 그가 저지른 강간과 살인 장면이 중첩되어 연속적으로 화면에 가득 채워지면서 영화는 끝난다.

3. 인물분석 및 내용분석

헬렌 수녀는 매튜를 도와주고 있었지만, 사건의 피해자와 가해자 양쪽 모두의 아픔을 함께 나누려고 했다. 그녀는 그녀의 도움이 필요로 하는 사람 모두에게 도움을 주려고 노력하였고 그들이 희망을 잃지 않도록 많은 노력을 하였다. 헬렌 수녀는 그 누구도 미워하지 않았다. 만약, 그녀가 미워하는 것이 있다면 그것은 불의와 죄악일 것이다. 죄는 미워하되 사람은 미워하지 말라는 성서의 가르침을 헬렌 수녀는 몸소 실천한 것이다. 헬렌 수녀가 죽음 앞에 놓인 한 사형수의 영혼을 구원함으로서 하나님의 말씀을 실천한 것을 볼 수 있다. 그녀는 모든 사람들을 오직 주님의 뜻으로 대하였다. 헬렌 수녀는 사형수 매튜를 도와주기 위해서 많은 노력을 하였고 매튜와 끝까지 있어 주겠다는 약속을 지켰다. 헬렌 수녀와 사형수 매튜는 여러 대화를 나누었다. 그녀는 죽음을 앞두고 절박한 상황에 있는 매튜와 여러 대화를 통해서 문제를 해결하려고 많은 노력을 한다. 그 많은 대화 끝에 매튜는 헬렌 수녀에게 잘못을 인정하고 그 날 있었던 모든 일들을 솔직하게 고백한다. 헬렌 수녀와의 대화의 힘이 매튜를 구원으로 인도해준 것이다. 우리는 이것을 통해 만남과 대화의 중요성을 다시 한 번 생각할 수 있으며, 만남과 대화가 우리의 인생의 중요한 점을 바꿔 놓을 수 있다는 것을 볼 수 있다.

사형수 매튜는 데이트를 하던 청소년을 살해하고 강간을 한 혐의를 받았다. 매튜는 자신의 범죄를 인정하지 않으며 자신을 도와줄 사람을 찾게 된다. 매튜는 헬렌 수녀를 택하였고 그녀에게 도움을 요청한다.

헬렌 수녀는 매튜와 편지를 주고받으며 매튜를 찾아간다. 매튜와 헬렌 수녀는 여러 대화를 통해 서로 알게 된다. 헬렌 수녀는 매튜를 도와주려고 여러 방법을 찾았다. 많은 사람들이 등을 돌리고 욕을 하며, 그녀까지 비판했으나 끝까지 헬렌 수녀는 매튜와 같이 있어 주었다. 매튜는 그러한 헬렌 수녀를 통해 결국, 죽기 직전에, 영혼의 구원을 받고 자신의 죄를 고백하게 된다. 매튜는 구원을 받음으로서 눈물로 회개하며 용서받는다. 비록 매튜는 사형대에 눕게 되지만 그의 영혼은 영생을 얻게 된다. 매튜가 구원을 얻었음을 알 수 있는 것은 그가 마지막으로 한 말, "다 좋은 곳으로 갈 테니 걱정 마세요"를 통해 확신할 수 있다. 매튜가, 마지막으로 그의 가족과 작별 인사를 하면서 안녕이라는 말을 하지 않는 이유는, 그가 언젠간 가족을 다시 만날 수 있다는 확신을 가지고 있었기 때문이다. 처음으로, 매튜는 어머니와 동생들에게 진심으로 사랑한다고 말한다. 매튜는 죽음을 앞두고 진정한 사랑을 배웠다.

우선 이 영화는 실재했던 사실에 기초하고 있다는 점과 수녀가 이 사건에 개입했다는 점에서 객관적인 시선과 공정한 관찰로 진행될 것이라는 신뢰를 준다. 영화의 내용이 픽션일 경우 사형제도 존치론과 폐지론 어느 한쪽의 견해를 위한 영화로 간주되거나 오해받을 수 있다. 물론 사실에 기초한 영화일지라도 감독이 일방적으로 해석하여 영화를 만들 수도 있지만 감독은 영화의 전개과정에서 중립적인 시선을 유지하려고 노력하였다.

매튜와 비텔로는 도저히 용서할 수 없는 범죄를 저질렀다. 그러나 비텔로는 유능한 변호사의 도움으로 사형을 면한다. 돈이 없는 매튜는 자신도 변호사의 도움을 받으면 사형을 면할 수 있는데 돈이 없어서 사형을 당할 수밖에 없다고 생각한다. 살인을 저지른 것은 분명히 용서받을 수 없지만 공평하지 못한 법집행은 매튜로서 억울한 점일 것이다.

헬렌 수녀의 등장은 여러 가지 점에서 영화의 중심을 잡게 해주는 효과를 갖는다. 이런 영화일수록 어느 일방의 입장을 대변하면 긴장도는 떨어지고 내용의 전개가 예측되기 때문에 영화의 재미는 떨어진다. 수녀는 매튜가 사형을 면하도록 도와주면서 피해자 가족으로부터 비난을 받지만 마지막까지 매튜와 함께 하면서 매튜가 진정으로 회개하도록 만든다.

마지막에 주인공의 사형이 집행되는 시간에 주인공이 저지른 살인 장면이 같은 비중으로 함께 교차되며 진행된다. 칼과 총을 이용한 살인행위가 끝나는 화면에 이어 마취액, 장이 파열되는 약물의 순차적 투여로 그 살인자도 사람들이 지켜보는 가운데 십자로 묶여 누워 죽음에 이르고 만다. 이러한 교차되는 장면을 통해 사람들은 잔인한 살인 행위와 그에 대한 사회적 대응인 '사형'의 차이를 스스로 묻게 되는 것이다.

사형이란 범죄인의 생명을 단절하여 영구히 격리시키는 것을 목적으로 하는 형벌이다. 생명을 박탈함으로 생명형이라고 하며, 수형자의 신체의 자유를 구속하는 징역이나 금고 등의 자유형 또는 범죄자의 재산의 박탈을 내용으로 하는 벌금, 과료 등의 재산형과 구별된다. 역사상으로는 이 밖에 신체에 대해 직접으로 가해하는 신체형과 일정한 자격을 박탈 내지 정지시키거나 명예를 손상시키는 명예형 등이 있지만 형벌의 인도화에 따라 차츰 개혁되어 오늘에 이르고 있다.

사형제도가 존립해야 하는 첫 번째 이유는 정당한 응보의 집행이다. 정당한 응보는 사회의 정의를 구현하기 위한 하나의 방편이다. 둘째 이유는 흉악한 범죄를 예방할 수 있다는 것이다. 말하자면 사형제도의 존속은 범죄를 저지를 만한 잠재성을 지니고 있는 사람들에게 억제효과를 발휘한다. 셋째 이유는 사형제도를 존속시킴으로써 사회의 계속적인 안전을 꾀할 수 있다는 것이다. 전혀 개선의 여지가 없는 흉악범이 사형에 처해지지 않고 살아 있는 한에서는 다시 사회에 나와 또 범죄를 저지를 수 있다. 넷째 이유는 사형제도의 존립이 일반인들의 도덕감과 정의감에 부합한다는 것이다.

그러나 살인자를 사형에 처해야 한다는 응보사상은 범죄자의 교화와 갱생을 통해 사태를 개선하려 하는 오늘날의 일반적인 행형(行刑) 정신과 어긋난다. 즉 응보사상은 사태를 개선하지 못하고 오히려 더 나쁘게 만든다는 것이다. 사형제도가 범죄억제 효과가 있다는 주장은 증명될 수도 없으며 인명 경시의 결과를 낳을 뿐이라는 것이다. 흉악한 범죄자를 사형에 처해야 한다는 주장은 교화나 갱생의 가능성을 처음부터 배제하고 한 생명을 말살해 버리는 행위이며 종신형으로 처벌해도 범죄자를 사회로부터 격리하는 데에는 아무 문제가 없다는 것이다. 사형제도를 폐지하면 사회가 더욱 혼란해질 것이라는 주장은 사형제도가 지니는 범죄억제력에 대한 잘못된 인식에서 생겨나는 것이다. 흉악범죄를 막기 위해서는 사형제도에 의존하기보다는 범죄의 원인을 심층분석하여 사회적 환경을 개선하는 일이 시급하다.

4. 쟁점토론 '사형제도는 유지되어야 하는가?'

1) 사형제도 폐지론

- 사형장으로 향하는 죄수들의 인간적 존엄성 생각해야 한다.

- 살아 있는 것은 희망이지만 죽음은 곧 절망이다.

- 희생자 가족은 사형수가 처형된다고 해서 위로를 받는 것이 아니다.

- 사형은 인간의 합리적 이성에 반하는 제도로서 복수심이라는 본능에 근거하고 있는 야만적 형벌이다.

- 형벌의 목적은 교화와 예방이지 '눈에는 눈, 이에는 이'의 복수가 아니다.

- 사형제도란 범죄에 대한 복잡한 사회적 모순과 원인을 제쳐두고 사형수에게 책임을 전가하는 제도이다.

- '죄는 미워해도 죄인을 미워해선 안된다'

- 사형제도 폐지는 세계적 대세 : 이미 100여 개 나라가 폐지하고 있다.

- 판사 및 배심원의 오판 가능성이 적지 않음 : 사형은 돌이킬 수 없는 것이며 무고한 사람에게 가해질 위험성 있다.

- 범죄 예방 효과가 없음 : 사형제도가 폐지된 나라에서 범죄율 증가되지 않음

- 사형제도는 정치적 반대 세력, 인종, 민족, 종교 및 소외 집단에 대한 탄압의 수단으로 악용되고 있다.

- 사형 제도는 사형집행 과정에 관계하는 모든 사람들에게까지 잔인한 고통을 안겨 줌

- 수녀의 한없는 사랑에 의해 결국 무릎을 꿇은 점으로 볼 때 메튜에게 가장 혹독했던 형벌이자 축복은 형 집행 순간 사랑의 얼굴이 되어 그를 마주보아 주었던 수녀와의 만남

- 유엔 인권위원회에서 사형제도 폐지 결의안 채택(2003. 4)

2) 사형제도 존치론

- 영화 속 사형수의 행동을 보고 오히려 사형 제도의 필요성 느낌
  - 인종 차별, 히틀러 신봉, 자신의 죄 부정 등

- 사형 집행 직전에 오히려 피해자 가족에게 사과하고 죄를 뉘우침
  - 사형제도는 사형수를 변화시킨다.

- 사형 직전 그가 저지른 끔찍하고 잔인한 강간 장면과 살인 장면을 넣어 죽는 모습이 보이도록 한 것은 그에게 동정심을 느끼게 하기보다 다시금 분노를 일으켜 그의 죽음을 정당화시킨다.

- 사형제도 폐지론은 사형수에 대한 동정심에 호소하는 논거이다.

- 종신형은 사형보다 피의자에게 더욱 가혹한 조치일 수도 있다.

- 타인의 인권을 무참히 짓밟은 사람은 존중받을 인권의 자격 없다.

- 죄를 범한 자에게 그에 상응하는 처벌을 가하는 것이 정의이다.

- 생명은 인간이 가장 애착을 느끼는 것이므로 일부의 불확실한 통계에도 불구하고 사형이 지닌 범죄 억제력을 부정할 수는 없다.

- 우리나라의 국민 여론에서는 아직도 사형제도 존치를 지지하는 사람들이 폐지론의 지지보다 더 많다.

5. 마무리

- 인간의 생명권만을 신성불가침으로 간주하는 것은 인간 종족 중심주

의의 문제 제기됨

- 생활이 없는 종신형을 살면서도 생명만을 유지하는 것이 얼마나 의미가 있는가?
  - '살아 있는 것이 중요한 것이 아니라 어떻게 사느냐 하는 것이 문제다' - 소크라테스

- 사형제도에 대한 지속적인 관심을 지닌 학생은 다음 영화 안내
  - 『살인에 관한 짧은 필름』(1998), 키에슬로브스키 감독
  - 『그린 마일』(1999), 프랭크 다라본드 감독

- 사형제도가 지닌 범죄 발생률과의 상관성은 다양한 통계에 대한 신중한 접근 필요

- 처벌에 관한 윤리 이론상 목적론적(공리주의) 입장(처벌의 목적은 범죄의 예방과 교화라는 좋은 결과에 있다)과 칸트로 대표되는 응보론적 입장(죄에 대한 처벌은 그 자체가 정의다)을 사형제도와 연관시켜 이해시킨다.

※ 공리주의의 대표적 사상가인 벤담(Bentham) :

"모든 처벌은 잘못이다. 모든 처벌 자체가 죄악이다. 만약에 공리의 원칙(principle of utility)에서 처벌을 인정할 수 있으려면, 이는 보다 큰 다른 악과 고통의 제거를 보장하는 한도 내에서만 가능하다."

※ 응보주의의 대표적인 사상가 칸트(Kant) :

"처벌의 목적은 정의를 시행하는 것이다. 벌을 받아 마땅한 사람에게 벌을 주는 행위 자체가 좋은 일이다."

- 이론적 논리 전개와 함께 우리나라의 사형 언도나 집행과 관련된 통계 자료 등에도 주목할 수 있도록 지도한다.

- 사형제도에 대한 논의를 통해 삶과 죽음의 문제에 대한 고찰의 계기로 삼는다.
    - 어떻게 죽을 것인가의 문제는 어떻게 살 것인가의 문제와 직결되어 있음
    - 죽음은 삶의 한 과정으로 볼 수도 있음(임권택 감독의 '축제', 박철수 감독의 '학생부군신위', '체리 향기', '8월의 크리스마스' 등의 영화 참고)

- 사형제도는 결정론과 자유의지론의 논쟁과도 관련이 깊다. 만약 세상 만사가 원인과 결과의 연쇄 속에서 결정된다면 죄를 범한 개인에게 책임을 물을 수 없게 된다. 사형 폐지론자들은 범죄의 사회적 원인에 주목한다는 점에서 어느 정도 결정론적 요소를 지니고 있는 반면, 사형 존치론자들은 유전과 환경보다는 각 개인의 선택과 결단 및 그에 따른 책임을 강조하는 점에서 자유의지론과 통한다.

제2장 타임투킬: 악법도 법인가

1. 영화에 대해

존 그리샴(John Grisham)은 미시시피 주립대학 법과대학을 졸업하고 변호사로서 활동하면서 하원의원으로 선출되어 정치에 참여하기도 하였다. 존 그리샴은 변호사 출신의 작가인데 변호사로서의 업무보다는 변호사의 실체를 낱낱이 공개하는 소설 쓰기에 전념하고 있다. 그는 첫번째 소설인 〈타임투킬〉(Time To Kill)은 처음에 〈죽음의 종소리〉였는데 출판업자가 좋아하지 않아서 〈타임투킬〉로 바꾸었다. 이 소설은 출판 당시에는 실패하였는데 그의 두번째 작품인 〈그래서 그들은 바다로 갔다〉(우리나라에서는 〈더 펌〉으로 소개되었다)가 큰 성공을 거두었고 그 이후 그의 작품들이 베스트셀러가 되었다. 그의 소설은 영화로 많이 만들어졌는데, 〈펠리컨브리프〉, 〈의뢰인〉, 〈레인메이커〉 등이 있다.

〈타임투킬〉은 미국 남부지방에 아직도 뿌리 깊은 백인우월주의를 바탕으로 한 형사제도의 어두운 뒷모습을 다루고 있다. 180여 년 전 미합중국이 탄생할 때 가졌던 농노제도는 1865년 링컨 대통령의 농노해방선언으로 시민사회에 있어서 하나의 혁명적인 계기를 가졌다. 하지만 수백년의 역사를 지닌 인습적인 제도가 일시에 해결될 가망성은 없었다. 특히 농업을 주로 하는 남부의 많은 주에서 흑인에 대한 전통적인 차별감정은 법제도와 항상 알력을 자아내고 있었다.

2. 영화의 줄거리

미국 남부 미시시피주 작은 소도시 마약과 알콜에 찌든 백인 건달 청년 두 명이 대낮에 흑인이 거주하는 지역을 무법천지인 양 휘저으며 지나고 있다. 그늘은 한적한 오솔길에 이르러 식료품을 사들고 가던 10살의 어린 소녀 토냐를 보자 그 어린 소녀를 무참히 강간한다. 어린 소녀는 그 무서운 공포의 순간에 아빠를 부르며 절규하지만 그 소리는 한갓 울림에 지나지 않아 누구의 도움도 받지 못하고 초죽음 상태가 된다.

작업도중 이 소식을 전해들은 토냐의 아버지 칼리는 만신창이가 된 딸의 모습을 보며 터져 나오는 오열을 참지 못한다. 늦은 밤 칼리는 동생이 구속되었을 때부터 알고 지내던 젊은 백인 변호사 제이크의 사무실을 찾는다. 칼리는 딸의 상태를 이야기하면서 제이크에게 의미심장하게 "내가 곤경에 빠지면 도와 줄 수 있겠어? 자네도 딸이 있지, 자네라면 어쩌겠나? 하고 반문한다. 집에 돌아온 제이크는 잠자는 자신의 딸 한나를 보면서 토냐를 생각한다. 그리고 왠지 칼리가 무슨 일이라도 저지를 것 같은 생각이 든다고 아내와 이야기한다.

소녀의 피 묻은 운동화가 자동차 안에서 발견되면서 범인들은 이틀만에 체포되지만 백인 우월주의가 미국의 어느 곳보다 심한 미시시피에서 이들에게 중형이 선고되거나 공정한 판결이 내려질 리가 없다. 범인들이 범죄인부절차[1]로 소환되어 형식적인 재판을 받기 위해 유유자적하

---

1) 범죄인부절차는 재판절차가 정식으로 개시되기 이전에 피고인에게
  가. 유죄를 인정하고 재판을 진행할 것인가
  나. 무죄를 주장하면서 재판을 진행할 것인가

게 법정의 계단을 오르던 그 순간 눈 깜짝할 사이에 문 뒤에 숨어 있던 칼리가 기관총을 들고 들이닥쳐 두 명의 범인들을 향해 기관총을 난사한다. 법원 청사에 재판을 받으러 오던 2명의 형사피의자가 기관총으로 살해당하고 이들을 호송하던 경관이 부상을 입는 사건이 발생한 것이다.

상황은 이제 뒤바뀌어 칼리의 일급 살인 사건이 관심의 초점이 되어버렸다. 누가 보아도 뻔한 사건이다. 다른 곳도 아닌 법정에서 기관총을 난사하여 흑인이 백인을 죽인 희대의 살인을 저지른 칼리에겐 소송을 준비할 돈도 없다. 범행 즉시 체포된 칼리는 평소 알고 지내던 신참 변호사 제이크에게 도움을 청한다. 갈등하던 제이크는 강간당한 소녀 토냐와 동갑인 자신의 딸 한나의 잠든 모습을 보고 '잘해야 본전, 잘못되면 파멸'인 이 사건을 맡기로 결심한다. 제이크는 최소한 5만불은 받아야 하지만 피고의 사정이 딱한 데다 자신도 사무실 전화요금을 못낼 정도로 쪼들리는 상황이라서 단 천불에 사건을 수임한다.

설상가상으로 싸워야할 상대는 악랄하고 주지사를 꿈꾸는 야심찬 베테랑 연방 검사 루퍼스 버클리이다. 버클리 검사(영화 '유주얼 서스펙트'에서 기막힌 변장술을 보여준 케빈 스파세트)는 칼리를 중죄에 처함으로써 주민의 인기를 끌려고 생각한다.

제이크는 지역의 정서가 흑인을 차별하는 분위기이고, '배심원을 잘고르면 무죄, 그렇지 못하면 사형'이라고 생각하고 인구 분포로 보아 배심원이 백인으로만 구성될 염려가 있다는 이유로 재판장소 변경을 신청하지만 받아들여지지 않는다. 남부 소도시에서 일어난 살인사건은 전국

다. 유죄를 인정하지 않으나 재판을 포기하고 법원이 부과하는 형벌을 이의 없이 부과받을 것인가의 여부를 결정할 수 있는 기회를 부여하는 절차를 말한다. 피고인이 세 가지 경우 중 아무 것도 선택하지 아니한 경우에 법원은 피고인이 무죄를 주장하면서 재판을 진행하는 것을 선택한 것으로 간주하고 재판을 진행한다.

적인 이슈로 달아오르고, 교활한 버클리 검사는 배심원을 전원 백인으로 구성해 유리한 판결을 끌어낼 만반의 준비를 한다. 한편 변변한 참모나 주변인이 없는 제이크 변호사는 수세에 몰리는 순간순간마다 미시시피 로스쿨에 다니는 미모의 법학도 엘렌이 제이크 앞에 나타나 지원을 차청해서 찾아다 준 결정적인 판례로 재판을 점차 유리하게 만들어 가게 된다.

제이크는 피고가 그의 딸이 성폭행당한 것에 충격을 받아 제 정신이 아닌 상태에서 행동한 것이니 무죄라는 전략을 세운다. 그러나 노련한 판사는 재판진행을 엄격히 하고 전원 백인인 배심원들은 흑인 피고에 대해 온정을 베풀 기미가 없다. 칼리에게 피살된 강간범의 형은 KKK[2] 단을 동원하여 제이크 변호사와 주변 인물들에게 납치, 폭행 그리고 방화와 같은 위협을 가해서 칼리사건에서 손 뗄 것을 협박한다. 반면 흑인 단체(NAACP전미흑인지위향상협회)에서는 이 사건을 흑인 인권문제로 연결시키고, 법정 내에서의 치열한 공방만큼이나 법정 밖에서는 과격한 백인 우월주의 단체인 KKK단과 흑인군중간의 충돌이 빚어지게 되서, 주 방위군까지 출동하게 된다.

제이크가 신변의 위협을 느끼고 가족을 멀리 처가로 피신시킨 가운데 제이크의 집은 전소되고 KKK단과 흑인 군중이 충돌, 소요가 일어나자 주방위군이 진주하여 법원 주변을 에워싼다. 누가 보더라도 제이크는

---

2) 백인우월주의를 내세우는 미국의 극우비밀결사.
  남북전쟁(1861~1865) 후 연방의회를 장악한 공화당 급진파들은 해방된 흑인들을 정치세력으로 끌어들임으로써 내전 이전의 백인들의 권력구조를 분쇄하려고 기도하였다. 이에 반발한 남부 백인들은 1866년 급진적인 지하 저항세력의 중추조직 KKK단을 조직하였다.
  철저한 위계질서를 지키며, 준(準)종교적 의식을 올리고, 얼굴을 흰 두건으로 가린, 이 비밀결사는 처음에는 위협, 공갈, 협박으로 백인의 지배권 회복을 꾀하였다. 나중에 세력이 확장되자 그들은 흑인과 흑인해방에 동조하는 백인들을 구타하거나 그들의 집을 불태우는 등 보다 끔찍한 테러를 서슴지 않게 되었다.

사면초가 상태이다. 살인범의 변호사로서 재판에 이길 가능성도 희박하고 백인 주민들의 인심을 크게 잃어 소송의뢰인이 찾아올지도 의문이다. 이런 세상물정도 모르고 영웅이 되고자 하는 남편에 실망하고 아내도 떠나버린 터에 새 여자(산드라 불록)까지 생겼으니 가정마저 제대로 유지될 지 앞이 캄캄한 것이다.

법정에서는 루퍼스 검사와 제이크 변호사간에 피고의 정신감정을 한 의사의 신임에 대한 불꽃 튀기는 공방전을 벌이게 된다. 루퍼스 검사가 피고측 정신 감정의사가 과거에 강간죄 유죄선고를 받은 적이 있다며 그의 신뢰도를 깎아 내리자, 제이크 변호사는 그를 돕는 미시시피 주립대 법대생 엘렌의 도움으로, 주 정부 정신병원 책임자로 근무하는 검찰측 감정인이 11년 동안 46회 정신감정 의견을 제출하였으나, 그 중 한 번도 정신이상[3]이라는 의견은 없었고, 실제로 정상이라는 의견을 낸 피고인조차 현재 자신이 근무하는 정신병원에 수용되어 있다는 사실을 밝히면서 곤경을 벗어나게 된다.

배심원들이 유죄판결에 관하여 의견일치를 보지 못하는 가운데 루퍼스 검사의 고도의 유도 심문에 칼리는 '자기 딸을 성 폭행한 범인들이 불타는 지옥에나 갔으면 좋겠다'고 진술함으로써 상황은 칼리에게 불리하게 기울게 된다. 그러나 칼리에게 총상을 입었던 백인 경관이 증인석에서 칼리의 처벌을 원치 않고 또한 자기도 만일 자신의 딸이 그런 일을 당했다면 칼리와 똑같이 범인들을 쏴 죽였을 거라고 말해 배심원들

---

3) 정신 이상이라 함은 범죄인이 범행 당시 정신질환 또는 정신장애의 정도가 심하여 완전히 미친 것을 의미하며, 피고인이이를 입증할 경우 "정신이상으로 인한 무죄" 평결을 받게 된다. 정신이상의 항변은 영미법 체계에서 수백 년 전부터 인정되어 왔는데, 피고인이 정신질환으로 인하여 선과 악을 구별할 수 없거나 자신의 행동을 통제할 수 없었던 경우 유죄평결을 내리더라도 처벌과 범죄억제라는 형법의 목적을 달성할 수 없다는 것을 가장 주요한 논거로 삼고 있다. 거의 모든 주는 피고인이 정신이상에 따른 무죄판결을 받을 경우 정신병원에 수용하도록 함으로써, 비록 무죄판결을 받더라도 석방되지 못하도록 제도적 장치를 마련해 두고 있다.

의 동요를 이끌어 낸다.

하지만 제이크는 최종변론을 앞두고 칼리에게 배심원들의 마음을 무죄 쪽으로 이끌기에 역부족임을 이야기한다. 이때 칼리는 제이크에게 "너는 배심원들과 같은 백인이다. 그래서 선택했다. 법의 시각을 치우고 네 자신이 배심원이라면 무엇이 석방하도록 설득하겠는지를 생각하라"고 말한다.

결국 제이크는 최종 변론을 통해 아직까지 입장정리가 되지 않은 배심원들의 마음을 확실하게 무죄 쪽으로 결정짓게 만든다. "모두가 법 앞에 평등하고 공정한 재판을 받을 수 있다는 것을 증명하려 했지만, 그것은 진실이 아닙니다. 법의 눈은 사람의 눈이고 서로를 공평하게 볼 때까지 정의는 공평하게 실현되지 않고 편견이 반영될 뿐입니다. 서로를 공평하게 볼 때까지 저희는 두려움과 혐오감이 편견을 조장하는 정신이 아니라 느껴지는 마음으로 진실을 찾기 바랍니다."

제이크는 배심원들에게 눈을 감아주기를 부탁하고 칼리의 어린 딸이 어떻게 두 명의 백인 강간범들에게 유린 폭행당했는가를 자세히 묘사해 준다. 그리고 처참하게 능욕당한 어린 소녀가 흑인이 아니라 백인이었다고 생각해 보라고 긴 여운을 던진다. 변호사의 이 마지막 변론은 배심원들을 피고가 '무죄'라는 평결을 내도록 한다.

3. 영화이해를 위한 법률지식

조엘 슈마허 감독이 호화배역을 동원하여 치밀하게 만든 이 영화는 미국의 형사재판이 어떻게 진행되는지 알면 더 재미있게 볼 수 있다. 미국법은 우리법과는 다소 다른 점들이 있는데, 그 특징을 살펴보면,

첫째, 판례법주의를 택하고 있다.

판례법주의는 법원이 내린 판결에 대하여 법적 구속력을 인정하고 이 것을 제 1차적 법원으로 하는 법원칙이다. 판례법주의 하에서는 장래 다른 동급 또는 하급법원이 이와 동일한 내용을 가진 사건을 재판할 경우에 기존의 판결에 따라야 하는데 이를 선례구속의 원칙(先例拘束의 原則)이라고 부른다. 영화에서도 미시시피주 법대생 엘렌이 판례를 찾아 몇 차례에 걸쳐 절차상의 승리를 얻게 해주는데 결정적 기여를 한 점도 선례구속의 원칙의 지배를 받는 미국 법정에서 변호사의 판례조사가 얼마나 중요한지 일깨워주고 있는 한 단면이라고 하겠다. 실제로 많은 로스쿨 학생들은 도서관의 판례집이나 컴퓨터 데이터베이스를 충분히 조사할 시간이 없는 변호사들을 위해 재판부가 수긍할 만한 선례를 조사해주는 아르바이트를 하고 있다.

둘째, 배심원재판제도를 들 수 있다. 배심재판제도는 판사와 보통 12인의 일반시민으로 구성된 배심원에 의한 재판으로서, 배심원은 사실관계에 관한 판단을 하고, 판사는 법률관계에 관한 판단을 함으로써 상호 협조하여 판결을 내리는 재판절차를 말한다. 법률문외한인 배심원들로 하여금 유-무죄, 배상의무 존재여부 등을 판단하게 하기 위해서는 가능한 한 당사자가 법정에서 직접 구두 진술하게 하는 것이 효과적이기 때문에 구두변론과 증인신문 등을 중심으로 집중-계속심리가 발전하게 되었다. 또한 배심원들에게 증인이나 증거 등에 대하여 그 증거능력의 인정여부 및 평가 등을 아무런 기준 없이 판단하도록 할 경우 재판의 공정성과 타당성이 상실될 우려가 있기 때문에 엄격하고 상세한 기준의 증거법이 발달하였다.

셋째, 형사사건에서의 인권보장에 관한 수정헌법 규정조항이 있다. 수

정헌법4) 제 4조부터 제 8조까지는 피고인의 권리를 보장하기 위하여 많은 규정을 포함하고 있다. 이것들은 대개가 1689년의 영국의 권리장전에서 연원한 것이다. 대배심에 의하지 않고는 비교적 무거운 죄는 기소할 수 없고 자기에게 불리한 증언을 강요당하지 않고, 적법절차에 의하지 않고는 생명, 자유, 재산을 박탈당하지 않고, 피고인은 공정한 배심원에 의하여 신속한 공개재판을 받을 권리가 있고, 반대 신문과 자기에게 유리한 증언을 강제력을 써서 이용할 권리와 변호인의 조력을 받을 권리가 있고, 또 정당한 보석금에 의하여 보석될 수 있다.

4. 영화내용분석

〈타임투킬〉은 부당한 인종차별 속에 살다가 딸이 무참히 성폭행 당한 후 흑인인 주인공이 가해자를 살인하는 내용이다. 억울함 속에 살던 흑인이 딸까지 성폭행 당한 후 가해자를 살인으로 응징한 행위는 유죄냐 무죄냐 하는 문제가 제기된다.

이 영화에는 여러 가지 얘기가 나오지만 인종차별의 문제가 가장 심각하게 다뤄지고 있다. 미국은 자유의 나라, 공평한 권리의 나라 같지만 사실 인종차별 문제가 심각하게 사회 깊숙이 존재하는 나라이다. 극단적인 폭력으로 나타나는 인종차별 이외에도 은근히 묻어 나오는 유색인종에 대한 무시와 차별이 여전히 존재하고 있는 것이다. 어느 기자가 빌리 그레함 목사에게 "오늘 날 가장 큰 문제는 무엇입니까?"라고 물어보자 빌리

---

4) 수정헌법 14조 1항
　　합중국에서 출생하고 또는 귀화하고 합중국의 지배권에 복종하는 모든 사람은 합중국 및 그 주거하는 주의 시민이다. 어떠한 주도 합중국시민의 특권과 免除를 박탈하는 법률을 제정하거나 강행할 수 없다. 어떠한 주도 적법절차에 의하지 아니하고는 어떠한 사람으로부터도 생명, 자유 또는 재산을 박탈할 수 없으며 그 지배권 안에 있는 어떠한 사람에 대하여도 법률에 의한 평등한 보호를 거부하지 못한다.

그레함 목사는 주저 없이 곧바로 "인종차별(Racism)"이라고 대답했다.

인간의 역사 속에서 인종차별은 다양한 형태로 끊임없이 존재해 왔다. 중국인들은 주변국 사람들을 오랑케라고 비하하고 그리스인들은 주변사람들을 이방인이라고 멸시하였다. 인간들은 피부색깔과 사는 지역, 종교, 성별이 다르면 그 이유만으로 인간을 인간으로서 대우하지 않는다. 영화 〈쉰들러리스트〉는 이런 실상을 잘 보여주고 있다.

이러한 차별은 실상 단지 다름에 불과한 경우가 대부분이다. 새와 올빼미가 한 나무에서 함께 서식하고 있었다. 새와 올빼미가 모두 그 나무를 자기 집이라고 주장하였다. 점점 말이 거칠어져가면서 다투기 시작한다. 잠시 후 올빼미가 다음과 같은 제안을 했다.

"나는 낮에 자니까 낮에는 너의 집으로 하고 밤에는 네가 자니까 내 집으로 하자" 새가 의아해하면서 말한다.

"너는 낮에 자니? 거참 이상하구나" 올빼미가 대답합니다. "그게 뭐가 이상해, 다른 것뿐이지"

새와 올빼미의 차이는 서로 다름(difference)일 뿐인데 그 차이를 이상하게 보는 편견(prejudice)으로 이어진다.

사회학자들은 힘센 인종이 갖고 있는 편견이 바로 인종차별을 만들어낸다고 말한다.

그런데 이런 인종차별은 우리나라에도 뿌리깊게 존재하고 있는데, 인종차별의 심각성을 말해주는 중요한 사례가 있다. 아프리카 가나에서 온 외국인 노동자들이 국가인권위원회에 크레파스나 물감 색 이름에 '살색'이라는 표현을 쓰지 못하게 해 달라는 이색적인 진정서를 낸 적이 있다. '살색'이란 표현이 한국인의 피부색과 다른 나라 사람들을 차별하는 계기가 된다는 이유였다.

한국의 단일민족 의식은 너무 강해서 인종차별로 곧바로 이어진다. 단일민족 의식의 본질은 원초적 혈연 감정에 바탕한 동류의식이며, 내적으로는 강한 정서적 동질성을 공유하며, 외적으로는 강한 배타성을 공유한다. 이 배타성은 한국의 혈연의식이 추구하는 순수주의에 의해 한층 더 강화된다. 최근까지 고아 수출국의 오명을 벗지 못한 것이나 순수하지 못한 피가 섞인 혼혈인들에 냉담하기 짝이 없는 현실이 그 증거이다.

국가 인권위원회에서 실시한 한 조사에서 외국인 노동자 중 32.3%가 직장 내에서 인종차별을 느끼고 있으며 차별은 유색인종과 가난한 나라의 노동자에게 더 심한 것으로 나타났다. 이들 중 50.7%가 직장에서 조롱이나 욕설을 받거나 들은 경험이 있으며 30.5%가 사업장내에서 폭행을 당한 경험이 있다. 이중 15%는 집단폭행을 경험하기도 했으며 이들 중 39.3%는 외국인이기 때문에 폭행을 당했다고 응답했다.

한국내의 이주노동자들은 열악한 작업환경과 비현실적인 임금, 편견과 멸시 등으로 이들이 겪는 어려움은 미국계 혼혈인과 크게 다르지 않다. 우리는 미국 내에서 흑인들이 부당하게 대우받는 것에 대해 분노하며 그런 영화를 볼 때 미국사람들을 비판한다. 그러나 우리 자신도 미국 흑백갈등은 아니지만 백인이 흑인에게 갖고 있는 편견을 갖고 있는 것이다.

인종차별은 백인우월주의 내지는 민족우월주의와 같이 작용하여 심각성을 더하고 있다. 영화의 배경인 미시시피는 백인 우월주의가 만연한 곳이다. 이런 곳에서 원고가 흑인이고 피고가 백인인 상황이니 재판이 제대로 이루어질 리가 없다. 이들 살인자들에게 적절한 처벌이 이루어질 가망성은 전혀 없다. 마땅히 죽어야 할 사람이 가벼운 형에 처해진다는 것은 말이 되지 않는다. 법이 제대로 된 집행을 하지 않기 때문에 범인들에게 합당한 처벌을 가하기 위해 주인공이 직접 나선 것이다.

그러나 칼리가 제정신으로 두 백인을 쏘아죽이고 한 경찰을 총으로 쏘아 평생 다리 못 쓰는 불구로 만든 것 또한 분명한 사실이다. 가해자들이야 죽어 마땅한 놈들이므로 그들을 죽인 것은 마땅히 무죄라고 말할 수 있다는 의견에 일부 동의를 하더라도, 아무 상관없는 한 경찰을, 아니 인간으로서 한 사람을 평생 다리를 쓰지 못하는 장애인으로 만든 것은 분명한 잘못이다.

그러면 여기에서 다시 "그런 억울한 법 앞에서 그냥 따르기만 하란 얘기냐" 하는 물음을 제기할 수 있다. 많은 피해와 손해를 입으면서 살고 있는 가운데 딸까지 억울하게 성폭행 당한 상황에서 딸을 성폭행한 사람에게 가벼운 처벌을 내리는 법과 재판절차는 분명 문제가 있다. 그 법이 정당한 절차에 의해 개정되기를 기다려야 하는가?

실정법만이 법이라고 주장하는 법실증주의(法實證主義)의 입장에서 보면, 악법도 또한 법이다. 따라서 적법 절차에 따라 제정된 법은 준수되어야 한다. 그것에 대하여 인간이 정하는 실정법보다 한층 고차(高次)의 평가규범으로서의 자연법의 존재를 주장하는 자연법론의 입장에서는, 악법(자연법에 반하는 실정법)은 법이 아니라고 본다. 즉 악법은 불법이므로 더 이상 법으로서의 효력이 인정될 수 없고 준수될 필요도 없다고 한다.

흔히 소크라테스가 악법도 법이라고 주장한 것을 들어서 법의 준수를 강조한다. 그러나 소크라테스는 악법도 법이라는 주장을 한 적이 없다. 단지 〈변명〉에서 소크라테스는 아테네 법관들이 철학을 포기하면 석방해 주겠다고 회유했으나 '지혜를 사랑하고 덕을 추구하며 이를 아테네 시민들에게 깨우치는 철학적 임무는 신이 내린 명령이기 때문에 철학을 포기하느니 차라리 죽겠다.'라고 말해 오히려 법원의 결정을 거부했다는

것이다. 소크라테스의 기본 정치 철학은 법보다 위에 있는 신의 명령이
나 정의와 이성이 가르치는 바에 따라 법에 대한 복종을 거부할 수 있
다는 것이었다.

5. 쟁점 토론 — 악법도 법인가

1) "악법도 (준수해야 할) 법이다."

- 영화 속에서 성폭행당한 딸의 아빠인 칼리의 복수에 대해 정당성을
  인정할 수 없다.
  - 사적인 보복은 또 다른 보복을 불러 올 뿐이다.

- 칼리의 변호사가 배심원에게 감정에 호소함으로써 승리하는 것은 바
  람직하지 않다.
  - 칼리의 범행 동기가 감동적인 부성애에서 비롯된 것이라고 해서
    용서되어서는 안 되며 더욱이 흑인이기 때문에 동정표를 받는 것
    은 정의가 아니다.

- 무죄판결은 가정과 자녀를 소중히 여기는 배심원들의 남부정신에 영
  향을 받은 것 같다.

- 정신병이라는 진단으로 무죄를 주장하는 것은 정당하지 못하다.

- 악법의 판정은 개인이나 소수의 주관적 편견에 의해 이루어져서는
  안 된다.

- 개인이나 집단이 어떤 법을 악법이라고 따르지 않으면 사회 질서는
  혼란과 파괴로 이어진다.

- 법은 사회 질서에 필요한 최소한의 규범이다.

• 민주주의는 법치주의다. 선악은 상대적이므로 자신들에게 유리하게 선악을 판단하고 불법적 행동을 저질러선 안 된다.

2) "악법은 (준수해야 할) 법이 아니다"

• 백인우월사상에 토대를 둔 인종차별이 얼마나 무섭고 고통스러운 것인지 알 수 있었다.

• 성폭행이라는 범죄의 특수성과 그 지역의 인종적인 특성을 고려한다면 칼리의 행동은 어느 정도 이해할 수 있다.(일종의 정당방위)

• 그러나 영화가 칼리의 무죄를 주장하는 것으로 해석할 필요는 없다.

• 법이 인간을 위해 만들어진 것이지 인간이 법을 위해 사는 것이 아니다.

• 법 자체가 정의와 진실을 외면하고 있었기 때문에 아버지의 행동은 정당하다.

• 역사를 진보시킨 수많은 혁명은 실정법상으로 불법이지만 성공한 후 긍정적으로 평가받는다.

5. 마무리

• 학생들은 전반적으로 이 영화를 보고 미국 사회의 인종 차별에 대한 심각성을 깨닫게 된다.

• 배심원의 판결에 의존하는 미국의 재판 과정에 대한 이해가 커지는

계기가 된다.

- 대다수 학생이 재판에서 감정보다는 이성에 근거한 호소의 중요성을 강조하게 된다.
  - 일반적으로 학생들은 이 영화를 보고 정의의 승리로 쉽게 판단하지 않는다.
  - 학생들은 영화를 볼 때와 (대체로 감동적) 보고 나서 토론할 때 적지 않은 차이를 보인다.
  - 배심원의 동정심과 감정에 호소하는 변호사의 태도에 대해 비판적 입장이 우세하다.

- 영화가 담고 있는 다양한 측면(인종차별, 성폭행, 부성애 등등) 때문에 이 영화를 '악법도 법인가'라는 문제 하나로 초점을 맞추는 데 어려움이 있다.

- 양측 모두 '다수의 지지를 받지 못하는 악법은 무조건 지켜야 할 법이 아니라 개선되어야 한다.'는 점에 대해선 의견이 일치한다.
  - 그러나 준법을 강조하는 측에서는 법의 개선이 이루어지기까지 법을 준수해야 한다고 주장하고 반대 측에서는 그러한 법을 반드시 준수해야 할 의무가 없다고 생각한다.

- 복수의 총을 쏜 아버지가 유죄냐 무죄냐에 관계없이 그가 벌을 받지 않으려고 애쓰는 모습에 대해서 학생들이 대체로 동의하지 않는 것 같다.

- 이른바 악법의 준수를 거부하는 사람들은 '시민 불복종'의 이론에 바탕을 두고 주장할 수도 있다.
  - 사회 계약론자 로크의 저항권, 월든의 저자 소로우나 정의론의 저자 롤즈 등에 의한 시민 불복종 이론 참고

제3장 길버트 그레이프: 공동체와 개인

1. 영화에 대해

스웨덴 출신의 라세 할스트롬(Lasse Hallstrom) 감독은 1985년 미국으로 건너와 〈개 같은 내 인생〉을 만들어 전세계의 이목을 집중시켰고 이후 부족한 가족들 사이의 불협화음을 유머로 표현해내는 감독으로 자리를 굳혔으며 〈길버트 그레이프〉에서는 심각한 결핍가정의 문제들을 따뜻한 인간애와 유머로 그려냈다.

라세 할스트롬 감독은 인간의 내면을 깊이 있게 그려내며 소소한 이야기로 세상을 이야기하는 감독으로 알려져 있다. 그의 작품들은 많은 영화제에서 이미 인정받은 바 있다. 2000년 〈사이더하우스〉로 아카데미 최우수 감독상 노미네이트, 남우조연상, 최우수감독상 수상, 베니스 영화제 노미네이트, 1988년 〈개 같은 내 인생〉으로 골든 글로브 최우수 외국어 영화상 수상, 아카데미 감독상, 각본상, 노미네이트로 이미 그의 작품성과 연출력을 인정받고 있다.

2. 영화의 줄거리

아이오아주 엔도라라는 작은 시골마을에 살고 있는 길버트 그레이프는 식료품 가게의 점원으로 일하며 집안의 가장으로서의 역할과 가족으로부터 탈출에 대한 욕망 속에서 살아가고 있는 청년 가장이다.

아버지는 말없이 행방불명되었는데 얼마 후 자신이 직접 지은 자기 집 지하실에서 목메어 자살한 시체로 발견되었다. 그 충격으로 두문불출 하던 어머니는 현재 고래처럼 거대한 체구의 비정상 인이다. 그녀는 남편의 사망 후 17년 동안 한 번도 집밖을 나가지 않았다. 동네 아이들은 창문너머로 그녀를 넘겨다보려고 호시탐탐 기회를 엿본다. 길버트에게는 또 올해 18살이 되는 저능아 동생이 있다. 그는 숨바꼭질을 즐겨 나무 위에 잘 올라간다. 가족들은 짐짓 그를 못 찾는 체 하다가 갑자기 그가 뛰어 내리면 깜짝 놀란 척 해주어 그를 즐겁게 해 준다. 식료품가게 점원인 길버트는 가정과 직장사이를 오가며 성실하게 생활한다. 그는 마치 가족을 위해 인생을 사는 것처럼 보인다. 집채만 한 몸을 소파에 기댄 채 텔레비전을 보고 있는 어머니는 길버트에게 거역할 수 없는, 의무의 상징처럼 보인다. 길버트는 가만히 앉아, 먹고, 지시하고, 부르는 거대한 어머니에게 너무도 공손하고 예의바르다. 동생 어니는 말귀를 못 알아듣는 어린애처럼 끊임없이 말썽을 피우고, 높은 곳에 틈만 나면 올라가 경찰들을 출동시킨다. 길버트의 적절하고 그만이 할 수 있는 방법의 설득으로 땅에 내려서는 순간 다시 올라가고 싶다고 떼를 쓰는 어니 역시 길버트에게 어니는 운명 같은 부양해야만 할 다른 의무이다.

16살인 여동생 엘렌은 부쩍 외모에 관심을 갖는 반항적인 사춘기 소녀로 마을의 아이스크림 가게에서 일하고 있다. 누나 에이미는 34살의 노처녀로 학교 식당에서 일하다가 지금은 쉬면서 집안일을 맡고 있다. 누이 둘은 비교적 길버트를 도와 어머니 시중도 잘 들고 동생도 함께 돌보지만 가장은 길버트이다. 길버트의 표정은 다소 피곤해 보이고 웃음기가 별로 없이 건조하고 어딘가 쫓기는 듯한데 그것은 그의 삶이 의무감에 너무 많은 부분을 내어 준 때문으로 보인다. 미래에 대한 개인적인 꿈이 있는 것도 아니고, 진정한 의미의 애인도 없고, 사회적으로 성장해 갈 아무런 조짐도 없다. 오히려 새롭고 그리고 막강한 경쟁업체가 조만간에 그 곳에 올 예정이어서 그가 일하는 식료품 가게의 사장은 전전긍긍한다. 자신의 현재 일터조차 불안한 직장인 것이다.

길버트에게는 터커와 보비라는 두 친구가 있다. 터커는 패스트푸드 연쇄점을 개업해서 돈도 많이 벌고, 밀크쉐이크도 많이 먹는게 꿈이다. 만나면 항상 친지들의 안부를 묻는 보비는 아버지가 장의사를 하고 있어서 영구차를 운전하고 있다. 길버트는 최신식 패스트푸드랜드를 싫어하기 때문에 오래된 램슨씨의 식료품 가게에서 일한다. 길버트의 생활은 설명하기 어려울 만큼 괴상하며, 이곳에서의 생활을 설명한다는 것은 마치 음악 없이 춤을 추는 것과 같다. 매일 반복되는 지루한 생활 속에서 길버트는 동네 카버 부인과 불륜관계를 맺는다. 물론 카버 부인에게 이끌려 그렇게 되었지만 답답한 틀 속에 갇혀있던 길버트는 굳이 이를 부정하지 않는다. 공공연한 비밀인 한 유부녀와의 불륜은 어쩌면 그가 누리는 유일한 자신만의 욕망을 위한 행위이다. 유부녀와의 불륜도 능동적이지 않다. 그녀가 배달을 요청하면 가서 그저 점원일 뿐인 몸짓으로 서 있다가 그녀가 다가와 애무를 시작하면 비로소 반응하기 시작한다. 물론 진실로 사랑을 느끼는 상대는 아니다.

기쁨은 거의 없어 보이는 그의 삶에 나타난 한 아가씨가 등장한다. 할머니와 단 둘이 발길 닿는 대로 가고 싶은 곳은 어디든 가며, 자유롭게 자신이 원하는 방식의 삶을 사는 캠핑족 베키가 자동차 고장으로 잠시 (차를 고칠 때까지) 이 마을에 머문다. 첫 눈에 그녀에게 반하지만 길버트는 사랑의 감정을 제대로 표현하지 못한다. 베키는 세상을 두루 돌아다닌 사람답게 사람에 대한 이해가 깊어 곧 길버트의 삶이 의무로 가득 찬 삶임을 알게 된다. 그리하여 그와 데이트를 하게 된 때에 가장 원하는 것이 무엇이냐고 물어 그가 원하는 것 중 어느 것도 자신을 위한 것은 없음을 간접적으로 알려주려 한다. 길버트는 아는지 모르는지 '지금보다 나은 집, 가구, 에어로빅이라도 할 수 있는 어머니'라고 대답한다.

다른 세계를 동경하면서도 끝내 변화를 두려워했던 길버트를 충동질했던 베키처럼 아름다운 것은 천천히 색깔이 변하는 노을일 수도 있지만, 정말 소중한 것은 언제나 하늘에 붙박인 듯 내려쬐는 태양이다. 노을이 결코 곡식을 여물게 할 수 없지 않은가?

길버트는 자신을 의지하고 사는 가족들을 아무 회의 없이 부양한다. 어느 날은 베키와 데이트를 하다가 안절부절 못한다. 동생 목욕시킬 시간이었던 것이다. 베키가 기다려 준다니까 허둥지둥 달려가 목욕을 시키다가 '다 큰 총각이니 목욕은 혼자 할 수 있지'라며 욕조에 동생을 남겨둔 채 다시 베키에게로 달려간다. 그 젊은 나이에 데이트 한번 하는 것도 온전히 허용되지 않는다. 길버트는 베키를 사랑하면서도 자동차 수리가 끝나 그녀가 떠나갈 때 붙잡지 못한다. 사랑하니 가지 말라고 말해주길 바라던 베키도 눈물을 머금고 떠나간다. 불륜관계에 있던 유부녀도 남편의 죽음 이후 떠나간다.

베키가 떠나기 얼마 전에 길버트가 자신을 사랑하지 않을 뿐 아니라 다른 여자(베키)에 빠져있는 것을 보고 틈만 나면 사다리를 타고 높이 올라가 경찰들을 놀라게 하던 길버트의 막내 동생 어니는 또 다시 그곳에 올랐다. 화가 난 경관이 이번에는 단단히 버릇을 고치겠다며 경찰서로 어니를 데려간다. 이 사실을 안 길버트의 어머니가 17년 만에 외출을 한다. 사람들은 경찰서로 모여들어 이 거대한 '고래인간'을 구경한다. 그 날 집에 돌아온 어머니는 자신이 아이들에게 어떤 어머니인가를 생각한다. 그들을 양육하는 어머니가 아니고 그들을 힘들게 하고 그들을 부끄럽게 만들어 온 존재라고 여긴다.

우여곡절 끝에 드디어 어머니와 식구들은 그렇게 바라던 어니의 18번째 생일을 맞는다. 이날 식구들은 그동안 쌓였던 갈등을 푸는 계기를 마련한다. 베키는 떠나기 전 길버트의 어머니를 만난다. 처음에 만나기를 거절하던 그녀가 길버트의 설득으로 베키를 만나 서로 악수하고 몇 마디 말을 건넨다. 그 날 비로소 어머니는 자신이 지금껏 길버트에게 지워왔던 짐에 대해 인식한다. 생일을 치룬 후 늘 거실 소파에서 TV를 보다 그 자리에서 잠들던 어머니는 그 날 거구의 몸을 이끌고 2층 자기의 침실로 걸어 올라간다. 식구들은 의아해 하지만 한편으론 어머니의 변화에 기뻐한다. 그리고 그날 밤 어머니는 편안한 모습으로 돌아가신다.

어니는 어머니의 죽음을 처음 발견하고 괴성을 지르며 운다. 어머니의 장례를 의논하는 자리에서 아이들은 괴로워한다. 시신을 옮기는 과정에서 어머니가 사람들에게 웃음거리가 될 것이 싫어서 …….   결국 그들은 낡아 기울어진 집과 함께 어머니의 장례를 치르기로 결정한다. 쓸만한 가재도구를 꺼낸 후 집에 불을 놓는다. 그들 형제들의 지금까지의 삶의 보금자리이자 지겨운 굴레와도 같았던 집이며, 아버지의 자살과 어머니의 무책임한 비탄이 넘쳐나던 집이다. 그리고 각자는 학교로 직장으로 헤어져 갈 길을 간다. 길버트는 막내와 함께 베키 일행에 합류한다. 가고 싶은 곳은 어디든 가는 자유의 삶이 시작되는 것이다.

3. 인물분석 및 내용분석

사람이 태어나서 처음으로 속하게 되는 집단은 가정이며 그들은 가정 내에서 계속해서 배우면서 사회로 나아간다. 가정은 이 사회를 구성하는 최소단위이기도 하면서 우리가 이 사회에서 활동하기 위하여 사회화과정을 거치는 곳이기도 하다. 그래서 가정이란 것은 나와 사회를 이어주는 최초의 다리이기도 하다.

가족은 인류가 만든 제도들 가운데 가장 오래된 것이며, 역사와 민족, 시대적 변천에 따라 다양한 모습으로 존재해 왔다. 역사상 모든 종교와 사상은 가족 공동체의 가치를 존중해왔다. 그러나 현재 우리 사회를 둘러보면 가정의 불안감과 위험성이 점차 커지고 있어서 더 이상 외면할 수 없는 심각한 상황에 와 있음을 부인할 수 없다. 사회의 기본토대인 가정이 파괴되고 붕괴되면 지역사회가 불안해지고 나아가 국가의 불행으로 연결되기 때문에 정상적인 가정을 꾸릴 수 있는 힘과 지혜를 모으는 것이 우리의 당면과제가 되고 있다.

21세기 세계는 그 체계적 특성으로 말미암아 개인주의적 생활양식을 더욱 조장하고 더 나아가서 개인주의가 이기주의로 변질하여 이기주의적 생활양식을 만연시킬 가능성을 많이 갖고 있다. 이른바 현대의 대부분의 가정은 붕괴와 부재위기에 직면해 있다. 정치, 경제, 사회, 문화 전반에 걸친 다원화, 다변화, 전문화 현상은 가정에 대한 가치관의 혼란과 변화를 초래하게 되었다. 대가족에서 핵가족으로의 전환이 극히 자연스러운 것으로 받아들여지고 주부들의 사회진출과 이혼, 독신자, 미혼모,

청소년비행 등의 증가현상은 가족공동체에 대한 전통적 인식과 역할에 대해 새로운 성찰을 요구하기에 이르렀다.

〈길버트 그레이프〉는 우리에게 가족의 의미와 사랑, 가족 구성원들의 책임 등에 대해 이야기해주는 영화이다. 영화에서 가족의 중심에는 길버트가 있다. 자살한 아버지, 무기력해지고 지나치게 뚱뚱해진 어머니, 정박아 동생 어니, 반항적인 사춘기 여동생 엘렌과 도망친 형, 이 모든 가족의 무게를 짊어지고 가야 하는 길버트는 비교적 불만 없이 착한 심성으로 가족을 지탱해 나가고 있다. 이런 점에서 길버트 그레이프의 제목, What's Eating Gilbert Grape?는 암시하는 바가 많다. 무엇이 길버트 그레이프를 괴롭히고 있는가? 가족인가 아니면 다름 아닌 길버트 자신인가?

영화의 첫 장면은 마을을 관통하며 이어지는 길에서 시작하여 마지막 장면은 길 위에 캠프 차량들의 행렬을 보여주면서 길버트가 어니를 데리고 미지의 세계로 새로운 출발을 하는 것이다. 즉 영화는 길로 시작하여 길로 끝나고 있다. 과연 우리는 어떤 길을 걷고 있으며 어떤 길을 가야 하는가를 감독은 묻고 있는 것이다. 〈길버트 그레이프〉는 길버트가 가족 내에서 갈등과 고민 속에서 자신의 길을 찾아가는 모습을 보여주고 있다. 그런 의미에서 〈길버트 그레이프〉는 가족영화라기 보다는 성장영화라고 할 수 있다.

〈길버트 그레이프〉에는 여러 가족들이 등장하지만 아버지는 없다. 아버지는 대부분 가족의 중심을 잡아주고 기둥의 역할을 한다. 그런 아버지가 길버트 가족에는 없다. 아버지의 자살로 인해 길버트 가족은 많은 상처를 입었다. 길버트의 형은 그 무게를 짊어지지 못하고 가출하였고 어머니는 충격으로 집밖을 나가지 않으며 비정상적으로 뚱뚱해졌다.

아버지의 죽음으로 인한 상처가 끝난 것이 아니라는 것은 영화 곳곳에서 드러난다. 어머니는 길버트가 일시적으로 가출을 하자, "얼마나 속이 상했는지 모르겠니? 너마저 집나가는 꼴 다시는 못 본다."라고 말한다. 그리고 엘렌과 길버트가 대화하다가 엘렌이 실수로 길버트를 아빠라고 말하자 어머니와 에이미는 동시에 "아빠는 죽었어!"라고 동시에 소리친다. 이어서 어니도 "아빠는 죽었어!"라고 괴성을 지르며 소리 지른다.

특히 아버지는 자신의 집 지하실에서 자살하였다. 집의 바닥이 흔들리자 길버트의 친구인 터커는 지하실에서 버팀목 공사를 하면서 길버트에게 도와달라고 부탁한다. 그러자 길버트는 나무에 올라가 있는 어니에게 터커를 도와주라고 말하지만 어니는 "거기는 아빠가 있었다"며 들어가길 거부한다. 아버지의 죽음은 현재진행형의 고통이자 짐이 되고 있는 것이다. 길버트의 집은 아버지가 지은 것인데 어머니가 걸을 때마다 휘청휘청한다. 터커는 이 집이 기초공사에 문제가 있으며 현관이 기울어 있다고 지적한다. "아빠는 유능한 목수는 아니었나봐"라는 가족의 말은 아버지의 허약함과 부실함을 나타내고 있다.

이 영화에서 재미있고 의미 있는 부분은 베키의 등장이다. 여러 가지 면에서 베키와 길버트는 대조적이다. 길버트는 카버 부인의 말처럼 가족에 꽁꽁 묶여 자신은 잊고 사는 불쌍한 청년이다. 길버트가 잠시 집을 비우면 집은 정상적으로 돌아가지 않는다. 길버트는 마을인 엔도라를 떠나지 못한다. 길버트는 베키에게 "매년 이 맘 때면 캠핑족들이 몰려오고...항상 떠날 수 있는 그들이 부럽다.", "우린 이사한 적이 없어. 가고 싶어도 어머니 때문에. 어머닌 집에서 못 빠져 나오는 붙박이장 같은 신세야."라고 말한다.

그러나 길버트도 바꾸고 변화하고 싶어 한다. 바라는 게 있으면 말해 보라는 베키의 물음에 대해 "모든 걸 바꾸고 싶어. 새 집에 새 가구. 엄마가 에어로빅이라도 할 수 있었으면. 엘렌도 어서 커야 하고, 어니의 두뇌를 바꿀 수만 있다면."이라고 대답한다. 그의 욕망은 모든 걸 바꾸고 싶어 한다! 그를 가두고 있는 삶의 조건 전체를 바꾸고 싶다는 말이다. 그러면서도 길버트는 다른 가족들이 강요하지 않지만 답답한 삶을 살아가면서 집을 지키고 있다.

반면에 베키는 캠핑카를 끌고서 전국을 안 가본데 없이 돌아다닌다. 길버트가 정착민이라면 베키는 유목민이다. 베키에게 다른 가족은 없고 할머니만 등장하는 것으로 보아 길버트와 베키는 결손가정이라는 공통점을 갖고 있다. 그런데 베키는 떠돌아다니면서 자신의 의지대로 삶을 선택해가는 것을 아는 자유로운 사람이다. 베키는 길버트에게 자극을 주면서 새로운 방식의 삶에 눈뜨도록 도와준다. 길버트와 베키는 대조적인 삶을 살지만 베키는 길버트에게 "중요한 것은 어떻게 사는 가? 야"라고 말하며 "너 자신을 위해 하고 싶은 일"을 찾으라고 권유한다.

길버트는 베키를 만나면서 조금씩 변화한다. 길버트는 베키와 얘기하는 도중 드넓은 대지 위에 있는 자신의 조그만 집을 비로소 집 밖에서 보게 된다. "집 안에 들어가면 꽉 찬 느낌인데, 여기서 보니 저렇게 초라하다니!"라고 말한다. 특히 길버트의 어머니가 어니의 생일 파티 후에 2층으로 올라가서 침대 위에 눕는 행동으로 변화를 보여주는데 그 계기가 무엇인가라고 의문을 가져볼 수 있다. 길버트가 어머니에게 베키를 소개하는 장면에서 어머니는 "처음부터 그러진 않았어요"라고 말한다. 그러자 베키는 "저도 마찬가지예요"라고 대답한다. 여기에서 어머니는 베키가 처음에는 이렇게 자유롭지는 않았는데 여러 과정을 거쳐 유목민이 되면서 자유를 얻었다는 것을 알게 된다.

4. 쟁점 토론: 공동체와 개인

1) 공동체주의

가족의 의미는 재인식되고 공동체적 삶은 복원되어야 한다.

- 가족으로 인해 힘든 길버트의 삶에도 불구하고 마지막에 여자 친구와 함께 정박아 동생을 데리고 새로운 곳으로 떠나면서 길버트가 짧지만 매우 행복한 표정을 지었을 때, 오랜 가부장적 관습의 이면에서 가정을 지켜온 우리 부모들의 고단한 모습이 인간적으로 비쳐진다.

- 가족은 몸과 마음의 안식처로서 그 공동체적 가치가 인정되어야 한다.
  - 의식주 해결, 정서적 안정, 인간적 유대, 종족 번식이라는 보편적 욕망의 합리적 해결 방안으로 기존의 가족 공동체는 해체보다 복원 되어야 한다.
  - 치열한 생존 경쟁과 이익 추구가 지배하는 사회생활에서 타인과의 관계는 대체로 적대적 관계가 된다. 타인의 기쁨은 나에게 질투와 시기의 대상이 되고 타인의 슬픔은 연민이나 안도의 계기가 된다.
  - 이에 비해, 가족은 기쁨과 슬픔을 전적으로 함께할 수 있는 연대 의식이 자연스럽게 유지되는 삶의 터전이다.

- 서구의 지나친 개인주의가 야기 시킨 가족의 해체를 비판적으로 직시하면서 동양적 가족 개념, 특히 대가족 형태의 의미를 재평가해야 한다.

- 인간은 공동체 속에서 안정과 행복과 자아를 실현해가는 존재로서 타인과의 호혜적 이타성이 배제된 개인주의는 결코 개인의 행복과 자아실현에 도움이 되지 않는다.

2) 개인주의

공동체를 위한 개인의 희생은 부당하다. 자기실현에 충실해야 한다.

- 가족이 화해하고, 가족을 구출하며, 가족이라는 존재를 수호하는 등 미국 헐리우드 영화에서 자주 등장하는 '가족의 복원'에 대한 염원은 보다 가족 중심의 삶을 살아가는 한국인의 입장에서 볼 때 반가족적인 미국 사회의 콤플렉스를 반증하는 듯이 보인다.

- '길버트 그레이프'란 영화 역시 이 콤플렉스로부터 완전히 해방되지는 못한다.
  - 어머니의 죽음, 여동생들의 취직과 진학 등으로 길버트의 가족은 해체되지만 떠났던 여자 친구가 돌아와 길버트의 정박아 동생을 태우고 새로운 곳으로 떠나는 희망 섞인 해피엔딩은 결국 또 다른 가족의 복원이라는 힐리우드의 도식으로 볼 수 있다.
  - 그래도 영화는 극의 절제를 통해 우리에게 사랑이라는 주제를 굳이 강요하지 않는다. 흔히 감정을 고조시키는 방법인 배경 음악의 사용도 아주 드물고, 등장인물들이 가장 격해졌을 때 오히려 카메라의 시선은 멀리 떨어져 있다. 보는 이가 나름대로의 느낌을 갖게 하는 배려로 볼 수 있다.

- 가족을 위한 개인의 희생은 행복 추구권을 보장하는 헌법 정신에 어긋난다.
  - 가족에의 구속은 자주성, 독립성, 자기실현, 민주성 등에 역행하며,

가부장적 권위주의와 남성 중심주의, 사유 재산의 축적에 따른 빈부 격차 등을 야기 시키는 역기능이 많다.

- 가족주의는 가족 이외의 구성원에 대한 무관심을 동반하면서 사회 정의와 복지 실현에 역행하는 측면이 있다.

- 일부일처와 자식을 기반으로 하는 가족 형태는 결코 인류의 역사에서 보편적이지 않다.
  - 일부일처에 근거한 가족주의가 다른 형태의 삶의 방식에 비해 바람직하다는 주장은 검증되었다고 볼 수 없다.

- 희생의 미화는 전체주의적 사고의 표현이다.

- 감동적인 가족 공동체의 연대는 그 이면에 사유재산과 계급 사회의 기반으로서 기능하는 가족 이기주의가 자리 잡고 있다.

5. 마무리

- 의미 있는 희생의 필요조건을 검토해 보아야 한다.
  - 다수의 행복을 산출해야 하며, 자발적이어야 하며, 자아실현(자기 행복의 성취)에 기여해야 한다.
  - 프란츠 카프카의 소설 '변신'에서 벌레로 변한 그레고르 잠자는 자기 삶에 대한 실존적 자각의 의미를 표현하고 있다.
  - 모파상의 '비게 덩어리'에 나오는 여인의 희생 또한 위선자들의 이익과 생존을 위한 도구로 전락한 모습을 보여주고 있다.

- 가족을 위한 개인의 희생을 미화시키기보다는 사회 정의와 복지를 통해 소외되고 어려운 자에 대한 사회적 책임을 확대시키는 것이 바

람직하다고 본다.

- 가족의 해체는 개인주의에 의해 일어나기도 하지만 사회 안전망의 역할을 하는 복지의 결핍에 의해 일어나기 십상이다.
- 드라마가 끝없이 부추기는 가족주의는 사랑 놀음과 안방 잡담 등을 통해 이 사회의 공적인 측면을 철저히 배제시킨다.

- 한국 사회의 결혼 제도나 정절, 가족 해체 담론에 일조하고 있는 영화 '결혼은 미친 짓이다', '바람난 가족', '스캔들' 등의 영화들을 참고해 보는 것도 필요하다.

- 근래에 확대되고 있는 사회생물학적 논의를 담고 있는 책들을 통해 일부일처, 짝짓기, 가족애, 개체(종족) 번식 등의 문제를 아울러 생각해 보는 것도 좋을 것으로 보인다.
  - '모든 생물은 섹스를 한다.', '도덕적 동물', '욕망의 진화', '여성은 진화하지 않았다' 등

- 열린 가족관 필요 : 확대 가족, 핵가족, 한 부모 가족, 독신가족, 입양가족, 재혼가족 등 다양한 가족의 모습에서도 행복하게 살아가는 모습을 모색해야 한다.

제4장 원령공주: 환경인가 개발인가

1. 영화에 대해

바람의 계곡 나우시카의 대성공을 계기로 미야자키 하야오는 독자적인 스튜디오를 설립한다. 그는 스튜디오 지브리를 설립한 후 〈천공의 성 라퓨타〉(1986), 〈이웃집 토토로〉(1988), 〈마녀 배달부 키키〉(1989), 붉은 돼지〉(1992), 〈원령공주〉(1997), 〈센과 치히로의 행방불명〉(2001) 등을 감독하였고, 〈귀를 기울이면〉(1995), 〈반딧불의 묘〉, 〈추억은 방울방울〉(1991) 〈평성 헤이세이 너구리 전쟁 폼포코〉(1994) 등의 제작에 참여하였다.

미야자키의 작품에는 몇 가지 특징이 있다. 첫 번째로, 여성 주인공의 등장이다. 미야자키가 참여했거나 감독한 모든 작품은 남성이 아닌 여성이 중심이 되어 이야기를 끌고 간다. 두 번째 특징은 자연이다. 자연 중에서도 푸른 숲과 파란 하늘은 미야자키가 주로 사용하는 창작 배경이다. 숲은 강한 생명력을 나타내는 것으로 풍요와 평화의 상징이다. 세 번째는 미야자키의 낙관주의적 세계관과 휴머니즘이다. 미야자키는 고난과 역경 속에도 불구하고 우리의 인생은 살만한 것이라는 희망을 말하고 있다. 원령공주는 이 세 가지 특징을 모두 갖고 있다.

2. 영화의 줄거리

원령공주는 무로마치 막부시대를 배경으로 하여 인간과 동물간의 대립과 갈등, 그리고 공존의 모색을 주된 내용으로 하고 있다. 지금으로부터 수백 년 전의 일본, 국토는 울창한 숲으로 둘러쌓여 있었고, 숲에는 신들이 살고 있었다. 근대화의 과정에서 숲을 파괴하려는 인간들과 필사적으로 숲을 지키려는 신들과의 피할 수 없는 싸움은 시작된다.

수백 년 전 야마토 조정과의 싸움에서 패한 후 북쪽 변방에 숨어 생활하고 있는 에이미 일족의 평화로운 마을 부근의 숲에 어느날 갑자기 타타리가미(재앙신)가 나타난다. 인간에 대한 증오와 원망이 가득찬 타타리신은 마을로 돌진하고 에미시의 차기 족장 아시타카는 마을을 지키기 위해서 어쩔 수 없이 재앙신에게 활을 날린다. 결국 재앙신을 쓰러뜨린 아시타카는 그 대가로 오른팔에 죽음의 각인이 새겨지고 죽음의 저주를 받게 된다.

죽음의 저주를 받을 것을 각오하고 재앙신을 쓰러뜨린 아시타카에게 마을의 무녀 히이사마는 서쪽에서 불길한 일이 일어나고 있음을 알려준다. 곧 죽을 자신의 운명을 받아들이기로 한 아시타카는 서쪽으로 떠나기로 결심한다. 죽음의 저주를 풀기 위해서가 아니라 자신이 죽음의 저주를 받은 이유를 밝히기 위해서이다. 아무도 모르게 마을을 떠나는 아시타카에게 평소 아시타카를 흠모하고 있던 카야는 흑요석으로 만든 펜던트를 건네준다. 항상 아시타카를 생각하고 있겠다는 말과 함께.

서쪽으로 가던 도중 아시타카는 지코보라는 남자를 만나게 된다. 아시

타카는 지코보에게 자신이 서쪽으로 가는 이유를 설명하게 되고, 지코보
는 서쪽 끝에 있는 시시가미(사슴신)의 숲에 관한 이야기를 해준다. 거
대한 짐승들이 살고 있는 시시가미의 숲에 관한 이야기를 들은 아시타
카는 시시가미의 숲을 향한다.

한편 계곡에서 쌀을 운반하던 타타리장(철을 만드는 마을)의 에보시
일행 앞에 나타난 모로 딸인 산과 들개신 모로. 모로의 공격으로 몇몇
사람들은 계곡 밑으로 떨어지고 에보시를 향해 돌진하던 모로도 에보시
의 총에 맞아 계곡으로 떨어진다. 마침 계곡을 지나던 아시타카는 계곡
으로 떨어져 물에 떠밀려 온 코우로쿠 일행을 구하고, 멀지 않은 곳에서
모로를 치료하고 있는 산을 보게 된다. 말을 걸어 보지나 차가운 반응과
함께 산은 사라져 버린다. 코마다들의 안내를 받아 숲을 빠져나온 아시
타카와 코우로쿠 일행은 타타라장에 도착한다.

타타라장에 머물게 된 아시타카는 자신에게 죽음의 저주를 내린 타타
리가미(재앙신)가 에보시의 총에 맞은 멧돼지신이었다는 사실을 알게
된다. 숲에서 신들을 몰아내고 보다 살기 좋은 마을을 만들려는 에보시
의 계획을 듣게 된다. 결국 인간들 때문에 자신의 운명이 바뀌어진 사실
을 알게 된 아시타카는 참참한 마음으로 마을을 떠나려 하는데, 마침 에
보시의 목숨을 노리고 산이 타타라장에 나타난다.

산과 에보시의 목숨을 건 싸움은 시작되고 이를 말리려는 아시타카는
둘을 기절시키지만 산을 데리고 나오던 중 총에 맞아 부상을 입는다. 가
까스로 타타라장을 빠져나온 아시타카와 산은 야쿠루를 타고 시시가미
(사슴신)의 숲으로 향하고 부상이 심해진 아시타카는 야쿠루에서 떨어
진다. 자신의 일을 방해한 아시타카의 목에 칼을 들이대는 산. 죽기 전
에 자신을 방해한 이유를 말하라는 산에게 아시타카는 다음과 같이 대

답한다. "너는 살아야 해.. 너는 아름다워……."

산은 의식을 잃은 아시타카를 시시가미가 나타나는 장소에 옮겨 놓는다. 이윽고 죽어가는 아시타카의 앞에 시시가미가 나타나고 모든 생물의 생사를 관장하는 시시가미는 아시타카에게 새로운 생명을 부여해 준다. 얼마 후 의식이 들어온 아시타카에게 산은 먹을 것을 가져다 준다. 산은 완전히 회복이 되지 않아 제대로 먹을 수 없는 아시타카에게 입으로 음식을 전해준다. 아시타카의 눈에선 한줄기 눈물이 흐르로 산에게 있어서 더 이상 적이 아닌 아시타카는 부상당한 몸이 완전히 회복될 때까지 산과 함께 지내게 된다. 인간들과 신들이 최후의 결전이 가까이 왔음을 알게 된 아시타카는 들개신 모로에게 인간과 신들이 공존할 수 있는 방법이 없냐고 묻지만 차가운 반응 뿐이었다.

불로불사의 능력을 가진 시시가미의 목을 노리는 지코보와 에보시 일행은 시시가미의 숲을 향하고 멧돼지의 리더 옥코토누시는 수많은 멧돼지신들을 이끌고 인간들과 싸울 준비를 한다. 산 역시 자고 있는 아시타카를 남겨두고 결전의 장소로 떠난다. 뒤늦게 산이 떠나버린 사실을 안 아시타카. 모로의 자식에게 펜던트를 산에게 전해달라고 부탁하고 숲을 뒤로 한다. 펜던트를 전해 받은 산에게 모로는 아시타카와 함께 떠날 것을 권하지만 산은 신들과 함께 인간들을 향해서 돌진한다.

숲에서 나온 아시타카는 타타라바가 사무라이들에게 공격당하고 있는 것을 보게 되고 에보시에게 지원을 요청해 달라는 토키의 부탁을 받고 발길을 되돌린다. 되돌아간 숲에는 피비린내와 신들의 시체가 즐비하고 시체 속에서 모로의 자식을 구해 주게 된다. 에보시가 산을 쫓고 있다는 것을 알게 된 아시타카는 모로의 자식과 함께 산을 구하러 달려간다.

죽어가는 옥코토누시를 살리기 위해 산 일행은 시시가미가 있는 곳으로 향한다. 에보시는 뒤를 미행하고 마침내 시시가미가 나타나는 장소에 도착한다. 분노와 증오로 마음을 안정시키지 못하고 타타리가미로 변해가는 옥코토누시. 이를 저지하던 산도 옥코토누시에게 흡수되어 타타리가미가 되어간다. 필사적으로 산을 구하려는 아시타카와 모로. 둘의 힘이 부족하여 고전을 면치 못하고 있을 때 시시가미가 나타나 옥코토누시의 생명을 거두어들임으로서 산이 타타리가미가 되는 것을 면하지만 이 과정에서 산의 어머니와도 같은 존재인 모로도 숨을 거두고 만다. 달빛을 받아 시시가미의 밤의 모습인 디라라봇치로 변해가는 시시가미에게 에보시는 총을 겨눈다. 아시타카가 칼을 던져 막으려하지만 이윽고 시시가미의 목은 땅에 떨어지고 지코보 일행은 준비한 통 속에 시시가미의 목을 담아 도망간다. 목을 잃은 시시가미의 몸에서는 생명을 빨아들이는 무서운 힘이 퍼져 나온다. 죽음의 힘에 닿은 모든 생명이 죽어가기 시작한다.

　숲와 모든 생명이 죽어가는 가운데 부상당한 에보시를 구하려는 아시타카를 산은 원망한다. 다같은 인간임을 강조하며 산에게 도움을 청하는 아시타카. 산과 아시타카는 에보시 일행을 숲에서 탈출시키고 시시가미의 목을 돌려주기 위해 다시 숲으로 향한다. 목을 찾기 위해 지코보 일당을 쫓는 시시가미는 닥치는 대로 모든 생명을 빼앗으며 타타라바와 마을 사람들을 위협하고 지코보로부터 겨우 시시가미의 목을 되찾은 아시타카와 산은 시시가미에게 목을 되돌려 준다. 목을 돌려받은 시시가미는 쓰러지면서 생명의 힘으로 자신이 파괴한 숲을 부활시키고 시시가미의 희생으로 숲은 원래의 모습을 되찾는다.

3. 인물분석 및 내용분석

아시타카--에미시 왕가의 혈통의 직속인 아시타카는 용맹과 지혜를 겸비한 소년으로 이 영화에서 3인칭 관찰자의 입장에 서 있다. 장차 에미시 일족을 이끌어갈 후계자인 그는 어느 날 까닭 없이 마을을 습격한 재앙신을 물리치는 도중 그만 재앙신의 저주를 받게 되고, 자신에게 내린 저주를 없애고 이러한 재앙신의 출몰의 원인을 찾기 위해 그는 길을 떠난다.

에보시 고젠--타타라 모노(철을 생산하는 사람들의 무리)를 이끄는 여성지도자이다. '산'과 신들이 자연의 대표자라면 에보시는 문명과 인간을 대변한다고 할 수 있다. 산을 깎아 내려 철을 만들어 문명을 만들어 나간다. 필연적으로 따라오는 자연파괴에 대해 이를 지키려는 신들에게 당당히 맞선다. 현대 문명의 상징적인 인물이라고 할 수 있다.

산--들개의 신 '모로'에 의해 길러진 소녀. 모노노케 히메(원령공주). 그녀는 인간이지만 자연 편에서 싸우는, 어떤 면에서는 모순적인 캐릭터로 표현되고 있다. 그녀는 인간에 대해서 무조건적인 적대감을 표시하지만 아시타카를 만나면 조금씩 인간을 이해하게 된다. 하지만 자연을 파괴하는 인간에 대한 증오는 변하지 않는다.

재앙신의 저주를 받은 아시타카는 그 저주를 풀기 위해 서쪽으로 향하게 되는데, 여기서 서쪽이라는 설정은 산업혁명이 시작된 곳이 서방이어서 인간과 자연의 대립의 근원지를 말하고 있다.

아시타카는 서쪽으로 가서 두 명의 여자를 만나게 된다. 두 명은 서로 대립적인 존재로서 한 명은 에보시라고 하는 인간의 대표격이고 다른 한 명은 산이라고 하는 자연 편에 선 인간이다. 산은 인간들 사이에는 도깨비 가면을 쓰고 나타나기 때문에 원령공주라고 불리운다.

에보시는 인간의 대표격이라지만 욕심이 많다거나 그러한 성격이 아니라 살기 어려운 사람들에게 살길을 열어주고 리더쉽이 강한 인물이다. 그녀가 숲을 개척하려는 것도 자연을 파괴하기 위해서가 아니라 인간들에게 삶의 터전을 제공해 주기 위해서이다. 그녀는 숲에 광산을 차려 마을을 만들었다. 그 마을에는 오갈 데 없는 부녀자뿐만 아니라 사회에서 외면 받는 나병 환자들까지 저마다의 몫을 하며 마을의 구성원 역할을 한다. 광산을 노리고 마을로 쳐들어오는 사무라이들과도 맞서 싸우기도 한다. 다른 곳에서는 천대받는 이들에게 그녀는 살길을 제공해 주고 있다. 마을 사람들에게 그녀는 꼭 필요한 존재이다. 그녀의 가치관은 인간을 위해서라면 신이라도 물리친다는 것이다. 아시타카는 이 마을에서 잠시 머물게 되는데 에보시와 이 마을 사람들이 숲의 수호신인 멧돼지와 싸웠다는 것을 알게 된다. 멧돼지를 그토록 고통스럽게 만들었던 멧돼지 몸속에 박혀있던 것이 이 마을에서 만든 탄환이었던 것이다. 결국 아시타카가 입은 죽음의 저주는 이 마을과 에보시 때문이라는 얘기이다. 이때 아시타카는 아마도 에보시가 다소 원망스러웠을 것이다. 그러나 아시타카는 같은 인간임을 중요하게 생각하여 에보시나 그 마을이 위험할 때는 도와주려는 태도를 지닌다. 애니메이션 전반을 걸쳐 인간과 자연의 대립을 다루고 있지만 에보시라는 인물을 내세움으로서 자연을 파괴하는 인간을 함부로 비판할 수도 없게 하였다. 분명히 자연파괴는 나쁜 것이지만 인간들에게도 어쩔 수 없는 이유가 있는 것이다. 현재의 개발도상국에서 자연파괴가 심화되고 있지만 그들에게는 자연의 보호보다는 경제력 향상이 더 시급한 것이 사실이다. 브라질의 아마존 열대 우림 지

역이 지구의 산소 공급량의 대다수를 차지하는 가운데 그 열대 우림을
벌목하는 당국을 무조건 비난할 수도 없는 것이다. 이러한 상황의 국가
지도자는 자연보호를 주장하는 쪽보다 경제발전을 주장하는 쪽이 국민
의 지지가 높을 것이다. 마찬가지로 에보시는 마을 사람들에게 큰 지지
를 받고 있다. 이처럼 에보시 같은 타입은 자연에게는 미움을 받지만 인
간들에게는 존경을 받는다.

　산은 어릴 때 부모님께 버림받아 들개에게 키워졌다. 그래서 들개와
같이 자연을 보호하는 역할을 한다. 그녀 입장에서는 에보시가 가장 증
오의 대상이다. 그녀는 몇 번씩이나 에보시를 죽이려고 시도하지만 번번
이 실패한다. 그녀가 아시타카와 만나면서 인간가 자연 사이에서 갈등하
지만 결국 자연 편에 남는다. 그녀가 자연을 보호하는 입장이어서 자연
을 파괴하는 인간과 대립하기 때문에 인간들에게는 언제나 미움을 받는
입장이다. 그녀 자신은 인간이면서 철저히 인간을 배척하고 자연 편에
선다. 매우 모순된 인물이다. 그러나 아시타카에게는 그녀가 어느 누구
보다도 아름다워 보이는 존재이다. 산과 아시타카의 첫 번째 만남은 산
이 들개들과 숲을 해치는 인간들을 습격했을 때이다. 이때 산과 들개들
이 인간들의 총이라는 무기에 의해 패해 물러나게 되고 아시타카는 쓰
러진 인간들을 도와주는 입장이었다. 여기서도 보여지듯이 인간의 과학
기술이 발달함에 따라 자연과 인간의 대립은 인간이 자연의 한계를 극
복해 나가는 양상이다. 아시타카는 처음부터 그녀에게 적대감이 없었고
관심을 가진다. 처음 만났을 때 강을 사이에 두고 있었는데 아시타카가
멀리서 말을 걸어보지만 산은 철저히 무시한다. 두 번째 만남은 산이 에
보시를 죽이려고 인간의 마을에 침입해 에보쉬와 1:1로 겨루지만 에보
시의 상대가 되지 않는 상황에서 보다 못한 아시타카가 둘을 기절시키
고 산을 업고 마을을 나온다. 이때 마을 사람들 중 한 명에게 총을 맞아

잠시 머물게 된 것이었지만 아시타카가 산을 데리고 나가려 하자 바로 적으로 대우받게 된 것이다. 그만큼 산에 대한 인간의 증오가 깊었다. 자연 편에 선 산에 대한 인간들의 증오나 인간들에 대한 산의 증오는 매우 깊다. 같은 인간들인데도 그렇게 대립한다는 것은 갈등의 골이 깊다는 증거이다. 나중에 인간과 숲의 정령인 동물들과의 전면전이 일어난 것도 서로가 화해를 할 생각은 조금도 없다는 뜻이다. 정신을 차린 산은 아시타카에게 칼을 들이대며 자신을 방해한 이유를 묻는다. 이때까지만 해도 아시타카는 "살아야 해... 너는 아름다워"라고 말한다. 아시타카가 살아남아 험한 갈등의 세상을 직접 살아가는 것에 큰 의미를 부여하는 것을 가장 직접적으로 나타낸 부분이기도 하다. 또한 아시타카는 나중에 산에게 같이 다른 곳으로 가서 살지 않겠느냐고 제안을 한다. 이때 산은 자신은 계속 인간들과 싸우겠다고 하며 여기에 남겠다고 한다. "아시타카는 좋아. 그러나 인간은 싫어." 이것이 이 때 산이 한 말이다. 아시타카의 제안을 거절했지만 산도 역시 아시타카를 좋아한 것이다. 어쨌는 누 번째로 만나서 자신을 방해한 아시타카를 산은 결국 살려준다. 이 사건 이후 산에게 아시타카는 더 이상 적이 아니게 된다. 산에게 적이 아닌 인간이 나타났다는 것은 인간과 자연의 공존을 희망을 나타낸다. 그 희망은 바로 아시타카이다.

이러한 두 대립적인 인물을 만나는 상황에서 아시타카는 중립적인 입장에 선다. 두 명의 인물, 즉 에보시와 산은 죽음에 처할 위기를 맞는데 그 때 아시타카는 두 명 모두를 살리게 된다. 산을 살린 것은 위에서 얘기했듯이 무의미한 죽음을 막는다는 느낌이었고 에보시를 살릴 때는 에보시가 숲의 신을 공격한 직후 모로에게 한쪽 팔을 잃는 큰 부상을 입었을 때였다. 아시타카가 에보쉬를 살리려 할 때 산은 아시타카를 원망한다. 이때 아시타카는 다 같은 인간임을 강조한다. 이것이 아시타카의 가치관이다. 이 뿐만 아니라 아시타카는 살아가기 위해 숲을 파괴하는 인간들이나 숲을 보호하기 위해 인간을 공격하는 숲의 정령들을 모두 이해하려는 태도를 보여준다. 더 나아가 양쪽 모두에게 도움이 되고 또한 양쪽간의 대립을 무마시키려는 태도로 보여준다. 아시타카는 이런 중립적인 태도를 끝까지 유지하는데 이것은 아시타카의 주장은 인간과 자연이 서로 타협하여 공존해야 한다는 것을 나타낸다. 애니메이션 전체적으로 아시타카의 관찰자적 시점으로 이야기가 전개되며 결말이 인간이나 자연의 어느 한 쪽의 승리가 아닌 채로 끝난 것으로 봐서 공존이라는 것이 이 애니메이션에서 말하고자 하는 것이라고 할 수 있다.

4. 토론 환경인가, 개발인가

1) 환경은 보전되어야 한다!

- 자연은 항상 우리에게 아름다운 모습만을 보여주지는 않는다. 자연을 아낄 줄 모른다면 영화에서처럼 자연은 크게 분노하여 재앙을 안겨줄 것이다.

- 자연을 개발하여 좀 더 살기 좋은 곳으로 만든다는 것은 좋은 일이다. 문제는 그것이 환경오염을 시켜 더 이상 살기 좋은 곳이 되지 않는다는 것이다. 사람들의 헛된 야욕으로 인해 숲과 산을 짓밟으면 언젠가는 인간이 그 대가를 지불받게 된다. 영화 속에서는 이것이 재앙신으로 표현된다. 인간의 공격을 받은 신들이 진노하여 변화하고 그 재앙의 신을 건드리는 자는 저주를 받게 된다.

- 인간은 자연을 훼손시킬 권리가 없다. 인간은 자연의 일부일 뿐이다. 인간과 자연은 각각의 주체적 존재로서 상호 유기적 관계만을 맺고

살아가야 한다. 자연은 정복의 대상이 아니며 자연이 정복되면 인간 또한 정복된다.

- <새만금 간척 사업 관련>
  - 축산폐수량이 많아 호수의 부영양화의 원인이 되는 총인과 총질소의 양이 많아 새만금호에 영향을 주는 하천의 수질개선을 위한 획기적인 대안이 마련되지 않는다면 지금 흘러 들어오는 물을 가두어 두더라도 시화호보다 더 오염될 것이라는 예측이 가능하다.
  - 새만금 간척사업의 예산이 앞으로 얼마나 증가할지는 예측할 수 없다.
  - 새만금 간척사업으로 사라지게 되는 갯벌 20,000ha의 갯벌이 주는 가치는 무엇으로도 대신할 수 없다.
  - 새만금 간척사업으로 인하여 전라북도 지역의 갯벌이 90% 이상 사라지게 된다.
  - 갯벌이 수산물 생산과 생물들의 서식지, 오염정화, 재해방지, 레크레이션 등의 다양한 기능을 하는 등 그 가치는 이루 말할 수 없다. 이미 환경부 연구보고서를 통해 갯벌이 농경지와 비교했을 때 3.3배 이상 경제적 가치를 가지고 있는 것이 확인되었다.

2) 인간을 위한 개발은 포기할 수 없다!

- 인간의 풍요를 위해 자연을 파괴하려고만 하는 에보시도 문제이지만 자연 보호를 절대적인 지상 명제인 것처럼 여기는 '산'과 같은 태도 또한 바람직하지 않다.

- 한편 개발을 지향하는 에보시도 절대적인 악역으로 등장하지 않는다. 소외당하는 사람들에게 일자리를 주는 등 인간을 위해 노력하고 베

푸는 선망의 대상이 되는 사람이다.

- 자연은 우리의 절대적 가치가 아니다. 오랜 자연의 역사 속에서 수많은 생물은 멸종하고 새롭게 생겨났다. 급격한 환경의 변화가 초래할 인간의 삶의 황폐화가 문제이지 현재의 자연을 그대로 영원히 보전하는 것이 그 자체로 목적이 될 수는 없다.

- 극단을 피하고 환경 친화적인 개발을 추구해야 한다.
  - 환경 보전에 대한 절대적 가치 부여는 태초의 자연부터 보전했어야 한다는 불합리한 주장으로 귀결된다.
  - 아울러 약육강식과 자연의 재앙도 모두 용인되어야 하며 인간의 삶을 밀림 속의 원시적 삶으로 되돌리자는 불가능하고 불필요한 방안으로 비판될 수 있다.

- 환경 보전은 말하기 쉽지만 많은 경우 실제적 현실에서의 실천이 동반되지 않는 관념적 구호에 그치는 경우가 많다. 보다 현실성 있는 논의가 필요하다.

- 환경 보전의 실천을 위해서도 과학 기술을 통한 고도의 개발이 필요하다.

- 주어진 자연 환경이 최선이라는 생각은 자연에 대한 순진하고 단순한 낭만적 사고방식이다.

- <새만금 간척 사업 관련>
  - 갯벌은 분명 중요한 해양 생태계의 보고이나 간척 사업의 결과 여의도의 14배 면적의 땅으로 미래 통일 시대를 위한 농지를 확보할 수 있고, 방조제를 이용하여 육상교통 환경을 개선할 수 있다.
  - 또한 인근 바다와 변산국립공원이 어우러진 관광지를 조성할 수 있다.

5. 마무리

- 비록 자연을 지키는 신들과 자연을 개발하려는 인간의 대립이라는 단순하고 비현실적인 애니메이션이지만 학생들은 전반적으로 이 영화를 보고 환경 보전의 중요성에 공감하지만 환경 vs. 개발 이라는 주제 토론에 임하게 되면 다양한 시각이 표출된다.

- 이 영화를 자연 지상주의로 해석하는 것은 무리라는 해석들도 제기된다. 학생들은 아시타카의 모습에서 자연과 인간을 화해시키고 조화시키려고 노력하는 저주받은 인간으로 이해하기도 한다.

- 결국 이 영화에서 원령 공주도 에보시도 서로를 이기지 못한다. 원령 공주가 지키려고 하던 시시가미 자연신도 죽고, 에보시의 마을도 파괴된다. 결국 모두가 다시 시작하게 되어 자연과 인간의 공존을 암시하는 것으로 보인다.

- 자연 보전 또한 인간의 삶을 보다 건강하고 풍요롭게 하기 위한 것이다.

- 결국 '리우환경회의'에서 채택한 '지속 가능한 개발'이라는 절충적 해결 원칙에는 어렵지 않게 동의할 수 있지만 '새만금 간척 사업' 문제에서 보듯이 구체적인 사회적 쟁점에 대해선 쉽게 합의에 도달하기 어렵다.

- 새만금 사업 찬반 토론으로 연결되는 상황에서는 막연한 찬반 입장을 성급하게 결정하여 주장하거나 환경 윤리에 대한 이론적 원칙의

쟁점 토론보다 사회 문제를 둘러싼 구체적인 논의 과정에서 전개되는 사실과 시사 정보 등을 중심으로 양측의 주장을 신중하게 검토하는 자세가 필요하다.

- 논쟁은 하되 시민 단체의 운동 등에 대한 자기 관점은 보다 신중하게 정립해 나가는 자세가 요망된다.

제5장 파리대왕: 인간의 본성은 선한가 악한가

"꿀벌이 꿀을 만들어내는 것과 똑같은 행동으로 인간은 악을 만들어
내고 있다."

1. 영화에 대해

영화 〈파리대왕〉은 소설 『파리대왕』 (Lord of the Flies)을 영화화
한 작품이다. 작가 윌리엄 골딩(W.Golding)은 이 소설로 노벨문학상을
수상하였다(1983). 이 소설은 무인도라는 상황을 설정하여 공동체를 파
괴하며 역사를 후퇴시키는 갈등은 어떻게 발생하는가, 사회적 윤리와 규
칙에 미숙한 사람들이 어떤 과오를 저지를 수 있는가 하는 문제를 풀어
간다. 윌리엄 골딩의 주요 관심은 인간이 근본적으로 악과 대면해 보아
야만 자신과 자신의 세계를 알게 된다는 것이다.

〈파리대왕〉(Lord of the Flies)의 제목은 누가복음 11장 15절에 나오
는 '악마들의 왕'에서 따온 것이며, 권력과 범죄에 있어서의 사탄의 마음
을 뜻한다. '파리 대왕'이라는 타이틀은 벨제버브 Beelzebub라는 그리스
어를 번역한 것으로 곤충의 왕이라는 뜻으로 악마를 가리키는 암시적인
말이다.

2. 영화내용

뿌연 물속으로 내려앉는 어른의 긴 다리를 짧은 다리의 어린이들이
끌어올린다. 그리고 펼쳐진 구명보트 위에 고만고만한 수 십 명의 소년
들이 움직이지 못하는 어른 한 명을 끌고 황량한 해안 끝에 오른다. 그
들이 내린 곳은 다름 아닌 사람의 손길 닿지 않는 무인도, 멀리서 밀려
오는 파도만큼 황량한 자연의 푸르름이 덮인 곳이다. 그들의 눈에 비친
그곳은 아무 것도 없는 곳, 아니 아무 것도 없어 보이는 섬이다.

모두들 지쳐서 잠든 어스름 새벽 한 소년이 기장의 입에서 나오는 물,
물 ……. 하는 소리에 일어나 물을 찾아 이리저리 헤매다가 물을 발견한
다. 물이라는 한 마디에 모두들 물이 있는 계곡으로 일제히 가서 갈증을
채우기에 정신이 없는 모습이다. 물을 마시고 내려오면서 어린아이들은
자신들이 구조될 수 있을까? 하는 회의적인 질문을 주고받는다. 이제 그
들은 물을 찾은 것을 계기로 그 근처에 자신들의 캠프를 만들게 된다.
그러면서 그들은 자신들을 이끌 지휘자를 뽑게 되는데 소년 군사 학교
생도들이므로 대령의 지위에 있는 랠프가 추천되고, 또 한 명 나이가 가
장 많은 잭이 추천된다.

결국 뽑힌 사람은 랠프이다. 랠프는 정말로 지도자다운 철저한 판단력
을 가졌고 머리도 좋다. 랠프는 그곳에서 살아남고 구조되기 위해 그 섬
에서 하나의 질서를 세우려고 노력한다. 먼저 우연히 피기와 해변을 거
닐다가 얻게 된 조개껍질을 소라나팔로 사용한다. 회의를 소집할 때 이
소라를 불어 사람들을 모으고, 또한 회의장에서도 발언권을 얻을 때에는

소라를 받아 소라를 손에 들도록 하였다. 그리고 그들은 구조되기를 알리는 봉화의 표시로 불을 피우기로 하였다. 불을 피우기 위해 노력하던 중 랠프는 피기의 안경알을 이용하여 햇빛을 불쏘시개 위에 모아 불을 피우는 데 성공한다. 그러나 불을 피우자마자 불길이 번져 언덕 위에 우뚝 서있던 나무가 삭정이가 되지만 곧바로 불길이 잡힌다. 불은 그들의 존재를 누구인가에게 알리는 신호이므로 자신들의 캠프가 아닌 언덕 위에 피운다. 이 섬을 지나는 비행기나 선박이 언덕위의 불을 볼 수 있어야 구조되기 때문이다. 그들은 나무가 서있는 언덕에 불을 피우고, 순서를 정하여 돌아가면서 불을 지킨다.

그러나 사냥과 놀이에 재미를 붙인 잭은 자신의 차례가 되어도 불을 돌보지 않는다. 어느 날 수평선 밖으로 가느다란 연기를 보이며 배가 가물가물 지나가는 것을 본 랠프는 산정의 불이 있는 봉화대까지 달려가 본다. 그런데 불 관리를 소홀히 한 나머지 불은 꺼져 있었다. 모처럼 닥쳐온 기회가 무산된 것이다. 랠프는 대장의 입장에서 구조의 소중한 기회를 놓친 점과 질서가 문란해졌다는 사실을 들어 잭을 힐책한다. 여기서부터 랠프와 잭의 노골적인 반목이 표출되기 시작된다. 랠프는 구조되리라는 희망을 끝까지 버리지 않지만 잭은 이미 구조되기는 틀렸다고 생각한다. 이제 그들은 잭의 무리와 랠프의 무리로 나누어진다.

잭은 말 그대로 그곳에서 살아남기 위해 힘을 쓴다. 사냥은 물론이고, 심지어는 불과 칼을 얻기 위해 랠프의 캠프를 습격하기도 한다. 이 과정에서 피기의 안경이 깨진다. 잭은 랠프가 그들의 무리에 합류하기를 은근히 강요하며 랠프가 자기 밑으로 들어오기를 바라고 있다.

잭의 무리는 사냥을 하면서 나름대로의 독특한 문화를 가지게 된다. 먼저 잭은 추장으로 군림하면서 엄격한 규칙을 세운다. 잘못한 사람을 벌주기도 하고, 이런 저런 일을 시키기도 한다.

어느 날 잭의 무리는 동굴 속에서 괴성을 듣고 동굴 속에 괴물이 있다고 생각하는데, 그것은 괴물이 아니고 거의 미쳐버린 기장이었다. 그러나 섬에 괴물이 있다는 것에 대한 두려움은 랠프의 무리에 있는 아이들이 잭의 무리로 가는 것을 부추기는 계기가 된다. 이제 랠프의 무리에는 몇 명 남지 않게 된다. 시몬, 피기, 랠프 …….

어느 날 잭의 무리는 멧돼지를 잡게 된다. 멧돼지를 잡아가자고 내려오던 잭의 무리는 괴물이 살고 있다고 믿는 동굴 앞에 멈춘다. 그리고는 그 자리에서 잭은 다른 아이들이 보란 듯이 커다란 멧돼지의 머리를 잘라 무슨 의식인 것처럼 긴 나무에 멧돼지 머리를 꽂아 동굴 앞에 세워두고 내려온다. 그리고는 밤에 불을 피우고 고기를 구우며 논다. 마치 원시부족의 잔치처럼 …….

멧돼지를 잡아 고기 잔치를 벌이고 있던 잭의 무리는 반갑지 않은 랠프의 방문을 받는다. 이야기 도중 폭풍의 징조인 천둥과 폭우가 내리자 잭의 무리는 어쩔 줄 몰라 하며 비명을 지르거나 이리저리 뛰어다니기 시작한다. 이에 잭은 다른 아이들에게 춤을 추라고 명령하고 공포심을 견딜 수 있도록 원형을 이룬 채 껑충껑충 뛰어다니기 시작한다. 천둥소리가 커져가자 공포심에 짓눌린 소년들에게 잭은 '짐승을 죽여라, 목을 잘라라, 피를 흘려라' 하며 소리를 지른다. 때맞춰 숲 속에서 무엇인가가 형광불빛을 내며 기어 나오자 더욱 공포에 질린 소년들은 소리를 지르며 창으로 그 짐승을 마구 찌르기 시작한다. 얼마 지나지 않아 소년의 무리는 흩어지고 꼼짝 않고 누워 있는 짐승은 그 정체를 드러낸다. 그것은 짐승이 아니라 그들의 친구였다. 소년의 이름은 사이먼이다. 사이먼은 이 아이들 중 처음 물을 발견한 소년이다. 시이먼은 동굴 속의 괴물이, 괴물이 아니고 기장이라는 사실을 확인하고 내려오는 중이었다.

폭풍우가 지난 다음날 잭의 무리로 갔던 쌍둥이는 랠프와 피기를 찾아온다. 그들은 지난 밤 폭풍우에 불이 꺼져서 불을 빌리러 온 것이다. 그날 밤 불을 못 가져간 잭 무리는 랠프와 피기를 습격하여 피기의 안경을 빼앗아 간다. 피기는 안경을 빼앗긴 다음날 울부짖으며 말한다. "잭 밑으로 들어갈까? 그러면 그들과 모두 함께 살수 있지 않을까?" 피기와 랠프는 잭의 무리를 찾아간다. 그리고는 더 이상 이런 식으로 살아서는 구조될 수 없다는 것을 말하려 한다. 그러나 잭의 무리의 아이들은 그런 말에 전혀 신경쓰지 않고 도리어 듣기 싫어한다. 그러자 피기가 소라 고동을 들고 (발언권을 얻었다는 듯이) 이야기를 하려고 한다. 이때 바위 위에서 이를 지켜보던 아이들이 커다란 돌을 굴러 떨어뜨린다. 그 돌은 피기의 머리를 치고 피기는 그 자리에서 죽고 만다. 무서워서 그 자리를 뜰 수밖에 없는 랠프는 뒷걸음질 쳐 달리기 시작한다.

그리고는 마지막 장면. 온 섬에 불이 붙었다. 잭의 무리들은 불을 붙이고 랠프를 찾아 죽이려는 것이다. 모든 아이들은 랠프를 잡아 죽이려는 데 정신이 없다. 그러나 이런 가운데도 동정의 눈빛으로 랠프를 눈감아 주는 아이가 있다. 쌍둥이들이다. 그들은 쫓기는 랠프를 발견하지만 잭에게 랠프가 있다고 말하지 않는다.

이렇게 쫓고 쫓기는 도중 그들은 해변으로 나오게 된다. 이리저리 쫓겨 기진맥진하여 해변가에 쓰러진 랠프 앞에 무장한 해군 장교가 서 있다. 모든 아이들이 멈춰 선다. 해군 장교가 말한다. "너희들 여기서 뭐하고 있니?"라고……

3. 인물분석 및 내용분석

파리 대왕에 나오는 등장인물 중에서 4명 랠프, 잭, 피기, 사이먼에 대해 살펴보자.

랠프는 얼굴이 잘 생긴 소년이다. 그는 철저한 판단력에 따르는 합리적이고 신중하고 지도자적인 자질을 갖추고 있지만 잭의 저항에 성공적으로 대처할만한 냉혹함이나 자기고집을 가지고 있지는 못하다. 그러나 그는 꼬마들의 복지를 근심하는 따뜻함과 사이먼의 죽음에 책임을 느끼는 양심을 가지고 있다. 구조의 필요성을 통감하고 있다는 점에서 문명의 가치를 대표하는 인물이라 할 수 있다. 그는 처음으로 아이들을 조직하고 리더가 되지만, 잭에게 권력을 빼앗긴다.

잭은 소년들 중 가장 나이가 많은 인물로서 정열적이고 충동적인 현실주의자이다. 잭은 살아남기 위해 애쓰는 소년이다. 그는 먹을 것에 대한 문제를 멧돼지 사냥으로 해결함으로서 아이들을 모이게 만들고 얼굴을 피와 재로 장식하면서 수치심과 열등감으로부터 해방된다. 신체적인 다부짐, 도덕적 파렴치, 권력지향이라는 특징을 가지고 있는 그는 꼬마들에 대한 동정심도 느끼지 못한다. 요컨대 그는 야만으로의 복귀를 대표하는 어둠의 인물이다.

피기는 돼지라는 별명을 가진 근시소년이다. 말투로 보아 받은 교육도 빈약한 편이고 집안도 어려운 것 같다. 그는 천식이 있고 눈이 나쁘다. 몸이 민첩하지 못하고 안경을 쓴 그는 지혜와 점잖음을 갖춘 꼬마지식인이다. 그는 랠프의 브레인이며 또 창의성이 있는 두뇌의 소유자이다.

잭과 랠프의 대결에서 그가 먼저 희생되고 만다는 것은 지식인의 운명이라고 하는 관점에서도 시사하는 바가 많다.

사이먼은 두려워하는 짐승이 사실은 시체에 지나지 않는다는 것을 알리려다가 죽음을 당한다. 사이먼은 성자(聖子)이며 예언자다. 그는 섬에서의 공포가 실은 소년들의 내부에 있다는 것을 알고 있는 각성자이다.

파리대왕은 무인도에 떨어져 문명과 단절된 생활을 하게 되는 어린 소년들의 이야기다. 소년들은 무인도로 오기 전 그들이 어른들의 세계에서 보아왔던 규칙과 관습을 흉내를 내면서 제법 그럴싸하게 지낸다. 선거를 해 우두머리를 뽑고 규칙을 정하고 의견을 모으고 봉화를 만들어 구조를 기다린다.

우두머리로 뽑힌 랠프는 모든 일을 토론에 붙이고 심지어 꼬마들에게도 동등한 발언권을 부여하는 민주주의적인 운영을 한다. 시간이 지남에 따라 조직의 규칙-봉화 당번, 물 당번 등-에 대한 위반자가 등장하기 시작한다. 잭이 보기에 랠프의 방식은 너무나 비능률적이고 시간낭비인 것처럼 보인다. 그 반면에 잭은 중요한 결정권을 소수가 휘두르는 지도방식을 찬성한다. 랠프와 잭을 중심으로 하는 그룹의 긴장과 갈등이 영화의 중요부분을 이룬다.

랠프는 자발적인 의견으로 공동체를 지켜나가려 하고, 잭은 카리스마적 리더쉽으로 공동체를 이끌고 가려 한다. 랠프는 소라 고동을 통해 회의를 소집하고, 발언권을 얻게 하는 민주적 리더라면, 잭은 사냥을 통해 일사분란한 조직으로 집단을 이끌어 간다. 랠프는 구성원들의 의견을 존중하고, 억누르지 않으며 리더로서 갖추어야 할 장점들을 고루 겸비하고 있다. 그에 반면 잭은 모든 의사결정을 자신이 하고 있고, 조직원에게는 다만 명령을 하고 있다. 잭은 자신의 명령에 복종하지 않는 아이는 묶어서 바위 뒤에 매달아 놓는다. 즉 그는 질서와 이성을 떠나서 폭력과 공포로 집단을 다스린다.

인간의 본성에 대한 이론은 성선설, 성악설 등으로 나뉜다. 우리는 과연 자연상태에서 어떤 경향을 갖는가? 정치학 시간에 본 윌리엄 골딩이 지은 파리대왕이라는 영화를 보면 과연 인간이 자연상태에서 아무런 규범이나 법 없이 지금처럼 안정되게 살 수 있을까라는 의문을 잘 대답해 주는 것 같다.

맹자는 과거 "인간의 본성이 선하다는 것은 마치 물이 높은 곳에서 낮은 곳으로 흘러가는 것과 마찬가지로 당연하다. 사람 치고 착하지 않은 사람은 없고, 물 치고 아래로 내려가지 않는 물은 없다."고 말하며 성선설을 주장했다. 하지만 『파리대왕』에서 보이는 인간의 본성은 악한 것으로 묘사된다. 어쩌면 인간의 문명이란 것이 인간이 악하다는 전제에 의해 인간들에 의해 마련된 제도일 수 있다. 실제로 윌리엄 골딩은 그는 자신의 수상작 「파리대왕」을 스스로 설명하는 자리에서 이렇게 말하였다. "인간성의 결함에서 사회의 결함의 근원을 찾아내려는 것이 이 작품의 주제이다."

세계적인 규모에서든, 세계를 축소해 놓은 조그만 무인도에서든 아무리 많은 규칙과 질서 있는 사회라는 고결한 목표들이 세워졌다 하더라도, 골딩은 사람은 언제나 무책임한 유희의 탐닉과 그들 안에 있는 탐욕적인 본성안에서 그 규칙과 목표를 무시할거라는 것이다. 파리대왕에서 나오는 소년들은 무인도에 표류하게 되고 그들의 삶은 점점 동물화 된다.

인간은 얼마나 선할 수 있으며, 얼마나 악할 수 있는가. 인간다운 세계, 아름다운 세계, 더불어 함께 살 수 있는 세계, '멋진 신세계'를 세워

나가는 데 인간은 얼마나 더 성숙해야 하는가. 왜 인간은 끝없이 선할 수 없고, 악한 제도와 폭력, 야만성에 시달려야 하는가. 어떤 경로로 악한 구조가 발생하며, 인간의 평화를 훼방하는가. 인간 사이에서 발생하는 갈등은 결코 해결될 수는 없는가 등등. 이런 문제는 인류에게 아직도 속 시원하게 풀리지 않은 수수께끼 중 하나이다.

우리는 파리대왕을 통해 인간의 본성은 과연 선한가 악한가라는 문제를 생각해 볼 수 있다. 성선설은 맹자(孟子)가 처음 주장하였는데, 인의예지(仁義禮智)의 사단(四端)은 천성에서 발생하므로 인간의 본성이 선하다는 것이다. 인간의 본성이 짐승의 본성과 다른 것은 사단에 의한 인간의 선함 때문이다. 맹자에 따르면 사람의 본성은 의지적인 확충(擴充) 작용에 의하여 덕성(德性)으로 높일 수 있는 단서(端緒)를 천부의 것으로 갖추고 있다.

루소는 인간의 본성은 본래 선한 것인데, 문명과 사회 제도의 영향을 받아 악하게 되었다고 생각하였다. 그는 "자연이 만든 사물은 모두가 선하지만 일단 인위(人爲)를 거치면 악으로 변한다."고 하였다. 그러므로 선은 천성에 속하고 악은 인위에 속한다고 할 수 있다.

순자는 성악설을 제창하여 "인간의 성품은 악하다. 선한 것은 人爲다."고 하였다. 이것은 선은 선천적인 것이 아니라 후천적임을 지적한 것이다. 다시 말하면, 선은 타고나면서부터 가지고 나오는 것이 아니라 인위적인 결과인 것이다. 순자의 성(性)은 인간의 감성적 욕구의 측면을 지칭한 것인 만큼, 맹자가 비감성적이고 순수한 인간 본성을 일컬었던 것과는 근본적으로 그 지칭하는 대상이 다르다. 맹자는 심선(心善)을, 순자는 정악(情惡)을 주장했다고 표현하는 것이 좋을 것 같다.

기독교의 원죄는 인간의 본성이 근본적으로 악하다는 관점에 의심할

여지가 없었다. 중세의 아우구스티누스 이래의 논자들은 인간의 본성이 악하다는 관점을 가지고 있었다. 그 후, 마키아벨리는 당시 이탈리아 사회의 부패를 직접 보고 인간의 본성이 악하다고 단정하였고, 홉스는 자연 상태를 "만인의 만인에 대한 투쟁상태"라 가상하여 인간의 본성이 악하다고 주장하였다.

4. 쟁점토론 '인간 본성은 선한가, 악한가'

1) '인간 본성은 선하다.'

- '부시맨'을 비롯하여 인간의 자연상태와 유사하다고 할 수 있는 원시 부족들의 생활을 보면 그들의 생활이 문명인들보다 훨씬 더 평화롭고 조화롭게 살아가고 있음을 알 수 있다. 인간의 본성은 결코 '만인의 만인에 대한 투쟁 상태'에 있는 것이 아니다.

- 표류해서 정착하게 된 무인도 생활은 인간의 원초적 상태라기보다 인간의 (선한) 본성을 왜곡시킬 수 있는 특수한 상황이라고 보아야 한다.

- 홉스와 같이 자연상태를 사회 계약론의 이론적 토대로 삼은 로크나 루소 같은 사람들도 인간의 원초적 상태를 비극적으로 보지 않는다.

- 사람이 배고프면 먹고 싶고, 추우면 따뜻하게 입고 싶은 것과 같은 인간의 자연스런 욕망은 인간 본성의 악함을 보여주는 것이 아니다. 인간은 욕망을 조화롭게 충족시킬 줄 아는 사회성을 지니고 태어난다.

- 쫓기던 랠프를 발견하고도 살려주는 한 친구의 행동도 인간이 지닌

근원적인 측은지심(惻隱之心)의 작용으로 이해할 수 있다.

2) '인간 본성은 악하다'

- 파리대왕은 아이들이 처음 무인도에 표류되었을 때의 상황은 토마스 홉스(Hobbes)가 사회계약설을 주장하기 위해 가정했던 자연상태와 다를 바 없다. 이 자연상태에서는 사람들이 모두 평등한 생존의 권리를 갖게 됨에 따라 '만인의 만인에 대한 투쟁 상태'에 빠지게 된다. 그 결과 두려움을 갖게 된 사람들은 자기 보존을 위해 계약을 맺어 국가와 도덕과 법을 만들고 공존을 꾀하게 된다.

- 영화에서처럼 인간의 생존은 많은 경우 집단에의 소속으로서 확보되며 집단은 때로 비이성적 광기에 휩싸이게 되지만 개인은 이러한 파괴적인 집단적 광기에 저항하기 힘들다.

- 그러나 사람이 이기적이라는 것을 나쁘게만 보아서는 안된다. 애덤 스미스의 국부론에서도 나오듯이 사람이 자신들이 각지의 이익을 추구하는 과정에서 사회나 국가 전체의 이익이 증대된다고 했다. 자본주의 시장 경제가 공산주의 계획 경제를 도태시킨 것도 사람들의 이기심을 발현시켜 주기 때문이다.

- 순자(荀子)의 주장대로 인간의 본성은 악하기 때문에 인위적인 예의 법도를 일으켜야 하는 것이기에(化性起僞) 인간의 선함은 본성적 사실이 아니라 지향해야 할 인위적 당위라고 보아야 한다.

5. 마무리

- 인간 본성의 악함과 이기성은 밀접히 연관되어 있지만 이기성은 때

로 악함과 등치될 수 없는 자기 정당화의 논리를 갖출 수도 있다. 선악 모두 인간의 이기적 욕망의 충족 과정에서 인간이 인위적으로 설정한 관념적 장치로 이해될 수 있다.

- 리처드 도킨스의 '이기적 유전자(selfish gene)'라는 사회 생물학적 관점은 인간 본성에 대한 성악설에 가깝다고 할 수 있다.

- 성선설을 옹호하는 사람들은 모든 인간이 항상 이기적으로 행동하는 것은 아님을 보여주는 방식, 즉 성선에 대한 검증 방식의 논지보다는 성악에 대한 반증 방식의 논리를 펼쳐 가는 것이 유리하다고 판단된다.

- 성선설을 옹호하는 입장에서는 도킨스 등의 사회 생물학과 맞서서 인간의 사회 문화적 특수성을 강조하는 '이타적 유전자', '유전자 안에 없다' 등의 반 사회생물학적 입장을 참고할 수 있겠다.

- '행복 추구권' 등, 자기 권리와 자유, 다양성의 존중, 인간 존중 등은 다분히 인간의 이기적 본능과 밀접한 관련이 있다. 때로 도덕적 규범을 실천하기 위해 개인의 희생을 미화시키는 경우가 많은데 이는 자칫 전체주의적 사고로 귀결될 위험성을 안고 있다.

- 파괴적인 광기와 개인의 존엄과 자유를 저버리는 집단주의는 위험하지만 인간이 지닌 이기적 생존 본능은 자연스런 입장에서 접근할 여지가 많다.

- 순간적, 육체적 이익의 추구는 오히려 자신의 진정한 지속적 이익에 반하는 결과를 가져올 수도 있다는 '이기주의적 역설'(paradox of egoism)을 주목해야 한다.

제6장 가타카: 인간복제 찬반론

1. 영화에 대해

앤드루 니콜(Andrew Niccol) 감독의 데뷔작 〈가타카〉는 유전공학이 발달하여 유전인자를 마음대로 조작해서 맞춤인간이 가능한 미래사회가 배경인데, 유전자 조작으로 태어난 적격자와 자연 잉태되어 태어난 부적격자, 즉 신의 아이가 등장인물이다. 다시 말하면 가타카는 우생학과 유전공학이 만나 어떤 미래를 만들 것인가에 대해 진지하게 묻는 영화이다. 〈가타카(GATTACA)〉는 DNA를 구성하는 염기인 아데닌(Adenine), 티민(Thymine), 시토신(Cytosine), 구아닌(Guanine)의 첫째 알파벳을 이용해 구성한 말이다. 앤드류 니콜 감독은 각본을 써준 〈트루먼쇼〉에서도 인간의 획일성, 사생활이 노출되어 있는 현대인들의 모습을 비판하고 풍자한다.

2. 영화내용

"하나님이 행하신 일을 보라. 하나님이 굽게 하신 것을 누가 능히 곧게 하겠느냐?" —전도서—

"인간이 자연을 변화시키려고 할수록, 자연도 인간을 변화시킬 것이

다." - 윌리암 게리런 -

　우울한 음악소리 파란색의 화면에는 정체를 알 수 없는 까만 고무호스 같은 것들과 하얀 눈 같은 것들이 천천히 떨어지고 있다. '과연 저것이 무엇일가? 라는 생각에 궁금증이 한껏 치밀어 오를 때쯤 카메라는 한 인간의 벗은 몸을 비춘다. 카메라는 점점 뒤로 물러나고 잠시 후 한 인간이 자신의 몸을 꼼꼼하게 거친 조각으로 열심히 문지르고 있는 모습을 비춰준다. 처음에 보인 정체를 알 수 없는 고무호스와 눈은 그 인간의 수염과 살갗이었다. 그리고 목욕을 마친 그 인간은 자신의 신체에서 나온 물질들을 남김없이 태워버렸다. 우울한 음악이 계속된다.

　〈가타카〉는 인간게놈5)에 대한 분석이 종료되어 개인의 미래를 손바닥 들여다보듯 훤히 내다볼 수 있게 된 "그리 멀지 않은 미래"를 배경으로 하고 있다. 우주 항공 회사 가타카(Gattaca)의 가장 우수한 인력으로 손꼽히고 있는 제롬 머로우는 큰 키에 잘생긴 외모, 우주 과학에 대한 탁월한 지식과 냉철함, 그리고 완벽한 우성 인자를 갖춘 엘리트로 일주일 후에 있을 우주 비행을 기다리고 있다. 이때 회사 내에서 살인 사건이 일어나고 그의 회상이 시작된다.

　가까운 미래사회는 유전자를 통해 인간의 가치와 정체성이 결정되며, 사랑으로 아이를 잉태하는 것은 바보 같은 짓이라고 손가락질 받는 사회이다. 우수한 유전자를 사서 완벽한 아이를 만드는 '인간 주문 생산 시대'에 철저한 계획에 의해 아이가 태어나는 사회이지만 빈센트는 부모의 사랑에 의해 태어났다. 우리의 눈으로 보면 자연스럽게 세상에 태어

---

5) 게놈(genome)은 유전자(gene)와 염색체(chromosome) 두 단어를 합성해 만든 말로서, 생물에 담긴 유전정보 전체를 의미한다. 1916년 독일의 식물학자 빙클러가 처음 사용한 것으로 독일식 발음은 게놈, 미국식 발음은 지놈인데 외래어 표기 심의 위원회에서 '게놈'으로 쓰기로 하였다.

난 아이지만 미래 사회에서 빈센트는 '신의 아이'이다. 신의 아이는 초능력자라는 의미가 아니고 자연산이라는 의미이다. 신의 아이 빈센트는 태어나는 순간에 심장 질환에 범죄자의 가능성을 지니고 31살에 사망할 확률이 90%라는 운명의 시간표를 받은 아이이다. 그렇기에 빈센트의 운명에 좌절한 부모는 시험관 수정을 통해 완벽한 유전자를 가진 그의 동생 안톤을 출산한다.

동생 안톤은 우성인간으로 빈센트에 대해 은근한 우월감을 가지고 있다. 그의 부모 역시 동생을 자랑스러워하며 한편으로 빈센트를 가엾어한다. 빈센트는 유전학자들의 유전자 합성으로 태어난 동생에 비해 모든 것이 부족하여, 그것에 대한 회의를 느낀다. 빈센트는 동생과 항상 '겁쟁이 놀이'--바다에서 헤엄쳐 먼저 겁을 먹고 다시 해변으로 돌아가는 사람이 지는 놀이--를 하지만 번번이 진다.

빈센트는 여러 가지로 부족하지만 그에겐 어릴 적부터 가지고 있던 꿈이 있다. 바로 외계의 우주를 여행하는 것이다. 그래서 그의 방은 태양계의 모형이나 사진 등 그와 관련된 것들로 꾸며져 있다. 하지만 그의 꿈을 실현하기 위해서는 가타카에 들어가야 한다. 하지만 그곳은 우수한 우성인자들의 집합소이고, 거기에다 우주여행은 그들 중에서도 우수하다고 인정받는 자만이 선택되는 일이다. 사실상 빈센트에게 우주여행은 불가능 자체이다. 부모님조차도 빈센트가 그 꿈을 포기하길 바란다. 그러나 빈센트는 안톤과의 바다에서 헤엄치기 시합을 하던 중 자기가 동생보다 더 잘 할 수 있다는 걸 알게 된다. 그건 놀라운 발견이었다.

그는 '힘은 육체에서 나오는 것이 아니라, 정신에서 나오는 것이다'라는 믿음과 자신의 꿈을 간직한 채 집을 나온다. 집을 나온 빈센트는 어느 날 최고의 우주 항공 회사 '가타카'에서 청소부로 일하게 된다. 이미 그 사회에서 차별은 과학이었다. 완벽하게 청결한 가타카의 초현대식 건물에서 육체노동에 종사하던 빈센트의 유일한 즐거움은 근처의 공항에서 토성의 위성인 타이탄을 향해 발사되는 로켓을 바라보는 일이었다. 후에 그는 이렇게 말한다. "내가 꿈 곁에 있으면서도 그 꿈이 얼마나 먼지 몰랐다." 라고.

그러던 중 빈센트는 자신의 예견된 미래에 반기를 든다. 그는 우주 비행사가 되기 위해 위험한 도박을 시작한다. 유전학적으로 열성인 사람에게 가짜 증명서를 파는 DNA 중개인 게르만을 통해 우성인자를 팔려하는 제롬 유진 머로우를 소개받는다. 유진 머로우는 키와 얼굴과 유전인자도 완벽한 수영선수였는데 장애를 갖고 있어서 대신 일할 수 있는 사람이 필요했다. 유진의 유전학적 우성인자는 빈센트가 인생에 있어 순수하게 원하던 모든 것을 이룰 수 있게 한다. 성공을 위해서 빈센트는 피 한 방울, 피부 한 조각, 타액으로 인간의 신분을 읽어내는 사회를 속여야만 한다. 물론 쉬운 것은 아니다. 유진과 같은 키를 맞추기 위해 고통스럽고 고문 같은 정형 수술까지도 견뎌야 했다. 유진 머로우와 빈센트 프리만의 결합을 통해 제롬 머로우는 탄생했다. 그 후 그는 당당히 가타카에 입사했고, 같이 근무하는 미모의 아이린과 사랑에 빠지는 행운까지 누리게 된다.

하지만 우주여행을 일주일 남기고 빈센트의 계획에 차질이 생기게 된다. 빈센트의 실제 모습을 알아내려던 사람이 죽게 된다. 감시관이 살해된 것이다. 기지의 모든 사람이 조사의 대상이 되고, 경찰에 의해 살인현장 근처에서 유전학적 부적격자의 눈썹이 발견된다. 빈센트의 눈썹인 것이다. 경찰과 관계자들은 이 부적격자를 용의자로 지명한다. 점점 조여 오는 경찰의 수사에 빈센트의 가짜 신분이 발각될 지경에 이른다. 드디어는 가타카인 전원의 각각의 피를 뽑아 검사를 하는데 그는 검시관이 피를 뽑고 있는 도중 '앗 따가워!' 하며 갑자기 벌떡 일어나 미리 준비해온 샘플과 주사기의 피를 바꿔치기한다. 물론 샘플의 피는 수영선수 유진의 피이다. 하지만 모든 일이 그렇듯이 한 고비 넘으면 또 한 고비가 있다. 어느 날 그는 가타카에서 일하는 동생 안톤을 만난다. 안톤은 빈센트를 고발하려 하고 빈센트는 자신은 범인이 아니며 가타카에 있을 자격이 있다고 말한다. 하지만 동생은 열성인간인 빈센트를 인정하지 않는다. 결국 둘은 어렸을 때 하던 수영 대결을 하게 된다. 유전적으로 완벽한 맞춤 인간과 신의 아이와의 시합이므로 과학적인 계산으로라면 분명 맞춤형 인간이 이겨야 하지만 열성 인간인 빈센트가 우성인간인 동생을 앞지를 뿐 아니라 지쳐서 익사 위기에 처한 동생까지 구한다. 빈센트는 어떻게 이길 수 있느냐는 동생의 질문에 '난 돌아갈 곳을 남겨두지 않기 때문이야.'라는 말을 한다.

나이든 경찰관의 치밀한 조사에 의해 진짜 범인은 잡힌다. 그 범인은 바로 가타카의 사장이었다. 이제 제롬 머로우가 된 빈센트는 자신의 꿈을 이루게 되리라는 데는 의심의 여지가 없다. 이제 우주선에 타기 전 마지막 검사만 통과하면 된다. 보통 때처럼 자신 만만하게 검사에 응했지만 그가 가짜임이 한 검시관에게 탄로 나고 만다. 그러나 그 검시관은 열성 인자를 가진 아들을 둔 아버지였다. '우리 아들이 당신을 보고 있다' 며 그를 통과시켜준다. 결국 빈센트는 우주로 향하는 우주선에 몸을 싣는다. 그리고 그 시간, 유진은 '나도 먼 곳을 여행하려고'라면서 자신의 집 소각로에서 조용히 자살을 한다. 마지막으로 유리창 안으로 쏟아지는 태양 빛을 느끼며 영화는 끝난다.

3. 인물분석 및 내용분석

빈센트 안톤: 빈센트 안톤은 열성 유전자를 가지고 태어난 자연분만의 보통 인간이다. 심장실환 발병률이 99%에 이르러서 예상 수명이 서른 살밖에 되지 않는다. 그러나 그는 우주비행사가 되고 싶은 희망을 품고 자신의 신체조건을 고려하지 않은 채 노력한다. 하지만 그 노력은 번번히 무너져 내리지만 동생과의 수영 시합에서 이긴 다음부터 자신이 얼마든지 우성유전자를 가진 사람보다 잘할 수 있다는 것을 깨닫고, 자신의 꿈을 위해 노력해 나간다. 철저하고 자신의 꿈을 위해서라면 어떤 고통이나 힘겨움도 이겨낼 수 있는 인물이다. 어떤 상황에서도 흔들리지 않고 자신의 계획을 실천해 나가고 자신이 가진 열성 유전자를 이겨내기 위해서 끊임없이 노력하고, 자신을 가다듬는다. 한마디로 그는 노력하는 천재이며, 불가능과 타협하지 않는다.

제롬: 제롬은 유전학자에 의해서 태어난 완벽한 인간이다. 심장은 황소같이 튼튼해서 벽도 뚫을 만큼 강하고 시력은 2.0이고 지능도 높다. 하지만 불의의 교통사고를 그는 다리를 잃게 되고 먹고 살기 위해서 자신의 모습을 판다. 다리는 비록 쓸 수 없지만, 그의 심장이며 체력은 여전히 강인하다. 제롬은 다리를 잃은 것에 대해 비관하며, 처음에는 빈센트가 자신의 모습을 하는 것을 잘 도와주지 못하고 술만 마셨지만, 빈센트가 노력하는 모습을 보고 적극적으로 그를 돕는다. 제롬은 자신의 완벽함을 다리로 인해서 잃고 방황을 하지만 빈센트를 보며 자신이 다른 무언가를 할 수 있음에 희망을 품고, 빈센트의 꺾이지 않는 희망을 보면서 자신도 희망을 품는다. 제롬은 만들어진 천재이며, 사고 후 그의 다

리를 잃었지만, 그의 천재성에는 변함이 없다. 성격 역시 빈틈이 없으며, 흔들림 없고 온화한 성격이다. 제롬은 빈센트가 완벽한 자신이 되고, 우주로 떠나자 자살을 한다.

아이린: 아이린은 빈센트와 같은 회사 동료이며, 그녀는 부적합한 심장을 가지고 있기 때문에 우주비행을 할 수 없다. 어쩌면 자신의 부족함 때문에 빈센트의 진짜 모습을 캐내려고 하는지도 모른다. 그녀 역시 빈틈없는 성격과 좋은 지능을 가지고 있다. 하지만 자신의 심장이 약한 것을 알고 그녀는 자신을 비관하고, 노력하지 않는다. 자신의 주어진 유전자를 믿고 그 이상을 위해 노력하지 못하고, 자신의 모습 그대로를 살아간다. 보이는 것이 전부라고 믿고 꿈을 위해 노력할 수 없는 그녀는 절대 자신의 모습을 넘지 못하고 살 것이다.

게놈(genome)이란 한 생물이 지니고 있는 모든 유전 정보의 집합체를 일컫는 말이다. 인간의 경우 부모로부터 물려받은 23쌍의 염색체를 의미한다. 지난 1백년 간 과학자들은 이 유전 정보를 담고 있는 물질을 밝히려고 피나는 연구를 계속해 왔다. 그 결과 유전 물질인 바로 DNA는 염색체를 만드는 물질로서 A(아데닌), C(시토신), G(구아닌), T(티민)이라고 하는 4개의 염기 조합으로 이루어진 직선형 생체 고분자이다. 사람의 경우 게놈 DNA 안에 30여억 개의 문자가 수록되어 있는 것으로 알려졌다.

인체 게놈 연구는 이 게놈 DNA 유전 문자의 서열을 순차적으로 결정하자는 연구이다. 현재 미국 국립보건원과 에너지부가 이를 주관하고 있으며, 유럽, 일본 등 선진국이 모두 참여한 인체 게놈 사업(HUGO)가 별도로 구성되어 있을 정도로 거대한 프로젝트이다. 게놈 사업은 사람의 염색체 모두를 분석하여 각 염색체에 있는 유전자 지도를 만들고 핵산의 구조를 밝혀 보려는 것이다. 그렇게 하여 유전과 관계되는 질병을 포함, 인간의 생명 현상을 구체적으로 알아내고자 하는 데에 그 목적이 있다. 인간게놈프로젝트에 참여하고 있는 6개 국가의 과학자들은 거의 100%의 정확도를 가지는 인간 유전자 지도를 완성했다고 2003년 4월 발표했다.

〈가타카〉는 우리가 유전자 조작을 통해서 좋은 사람을 인위적으로 생산해 냈을 때 그것으로 인해 발생하는 문제점을 보여준다. 우성 유전자들과 열성 유전자들과의 차별로 인해서 사회는 새로운 인종차별이 생겨나게 되고, 열성인자를 가진 사람들은 태어나면서부터 자신의 권리를 잃게 되는 것이다. 빈센트는 열성 유전자임에도 불구하고 자신의 꿈과 희망을 잃지 않고 자신을 위해 노력하며, 끝내 자신의 꿈을 이뤄낸다. 영화 속 대사에서도 나오듯이 "운명을 결정할 인자는 없다."는 것이다. 사람의 육체는 판독 가능할지 모른다. 하지만 그의 영혼까지 읽어낼 수는 없으며, 사람은 꼭 질병에 의해서만 죽는 것이 아니기 때문에 여전히 죽음은 누구에게나 가까이 있는 것이다. 제롬처럼 우성 유전자를 가지고 태어났음에도 불구하고 불의의 사고로 다리를 잃게 되는 것처럼 삶이란 복잡한 게놈지도 보다 훨씬 더 복잡한 것이다.

미래 학자들은 다가오는 세기를 생명의 신비를 풀어 줄 수 있는 생명 과학의 시대로 부르는 데에 주저하지 않는다. 인간의 욕망은 원시 시대로부터 건강하고 풍요한 생활을 추구해 왔다. 이러한 욕망을 해결해 줄 수 있는 실마리가 생명 과학이 될 것으로 예측하는 것이다.

특히 생명 공학은 생물의 상업적, 산업적 이용을 통하여 노화 방지, 불치병 치료, 무공해 식품 개발, 식량 증산, 탈공해 기술 개발 등 인류에게 궁극적으로 꿈의 실현을 가져다 줄 수 있는 도구로써 기대되고 있다. 그렇지만 문제점이 없는 것은 아니다. 인간 배자 복제는 인간 대량 생산의 텃밭이 될 수도 있음을 암시하며 사회적, 윤리적 긴장감을 불러일으키고 있다.

오늘 날의 생명 공학은 생명체의 시작과 끝에 무한한 도전을 하고 있다. 여기에는 순기능과 역기능이 있다. 암이나 심장 질환 같은 난치병 환자에게 면역 체계 강화 핵산을 직접 주입하는 유전자 치료법은 첨단 의학으로서 기대를 모으고 있고, 인공 수정은 불임 부부에게 유일한 희망이 되고 있다. 그러나 대다수 사람들은 생명 과학 기술을 악용하면 어떻게 될까 하는 걱정을 지우지 못하고 있다. 장기를 얻기 위한 목적으로 다량의 인간 복제를 시도할 수도 있다. 생명 공학은 현실적으로 인간 수정란의 임의적인 폐기, 유전 질환을 가진 태아의 중절, 사람을 하나의 핵산 복합체로 보는 기계론적 생명관의 확산 등 윤리적으로 많은 문제를 안고 있다.

4. 쟁점토론

1) 긍정적 입장 : 영화의 메시지에 대한 비판

- 인간게놈프로젝트가 성공하게 되면 세상은 어떻게 변할까? 암이나 치매 당뇨병에서 정신분열증이나 우울증까지 유전자가 관련된 3천여 종의 질병을 고치는 일도 가능할 것이다.

- 게놈 프로젝트의 성공과 레플리케이터 기술의 확립에 의해 여성은 자연 출산의 고통에서 완전히 해방된다. 부모는 태아의 성별을 선택할 수 있고, 기본적 성향이라든지 선천적 유전 결함조차도 세포 분열 단계부터 완전히 통제되는 세상이 그렇게 부정적인 세상인지 편견 없이 검토해 보아야 할 것이다.

- 유전자 계급 사회의 상황은 어느 정도 과장되어 있다. 유전자 조작이 그 정도 수준으로 가능하다면 결함을 보완하는 치료의 수술도 상당한 수준이 될 것이다.

- 유전자는 삶의 절반 정도밖에 보장해주지 않는다. 후천적인 노력과 성장과정도 그만큼이나 중요하다. 예를 들어 이 영화의 살인범은 유전자 조작으로 폭력성향이 제거된 인물일 것으로 보여지며, 빈센트가 안톤과의 경주에서 이길 수 있었던 것도 그의 정신력의 승리라기보다는 지속적 트레이닝의 결과일 것이다. 고로 이렇게 철저한 유전자 계급사회가 자연스럽게 형성될 가능성은 그렇게 많지 않을 것이다. 물론 SF가 미래 예언 도구인 건 아니겠지만.

- 복제 인간의 출현의 문제를 과장해선 안됨
  - 유전자가 같은 일란성 쌍둥이라고 해서 인간의 존엄성과 유일성이 파괴되지는 않는다.

2) 부정적 입장 : 영화의 메시지에 대한 옹호

- 영화는 시종일관 생물학적 지식이 만들어낸 끔찍한 계급사회를 보여준다. '가까운 미래'. 머지않아 유전자만으로 인간을 판단하는 계급사회가 도래할 것이라는 감독의 주장은 현재 진행 중인 '인간게놈프로젝트'를 생각해 보면 더욱 설득력을 갖는다.
  - 사회에서 개인이 받는 대우는 인종, 국적, 혹은 성별이 아니라 순전히 유전자의 우열에 따라 결정된다. 따라서 '열악한' 유전자의 보유자가 제대로 된 교육을 받고 사회에서 성공하기란 사실상 불가능에 가깝다.

- 과학적인 것, 완벽한 것만을 숭배하는 세상이 바로 <가타카>에서 보

여주는 21세기다. 동시에 개인의 일생을 벽돌 찍어내듯 하는 기계적이며 냉담한 세계이기도 하다.

- 유전자에 대한 이해도 중요하지만 영화 '가타카' 처럼 유전자만으로 인간을 판단하고 대하지 않도록 사회적인 법 제도를 마련하는 것은 더욱 중요하다. 멀지 않은 미래에 우리가 해야 할 일이다.

- 이 영화의 세계에서 유전공학과 우생학은 이미 과학을 넘어선 미신이다. 고도의 테크놀로지가 개입되었다고 미신이 과학이 되는 것은 아니다. 과학은 테크놀로지가 아니기 때문이다. 빈센트는 그런 비합리적인 미신의 피해자이다.

- 인간 복제는 존재의 유일성에 바탕을 둔 인간의 존엄성을 훼손하여 인권을 침해할 가능성이 크다.

5. 마무리

- 학생들은 대부분 시사적 문제로서 익숙해 있는 인간 복제에 대해 비판적인 입장이지만 이는 자기 주도적 사고를 통한 논리적 근거를 동반한 결론이기보다는 일반적인 언론 등의 입장을 막연히 수용하고 있음을 보여 주고 있다고 보아야 할 것이다.
  - 과학 기술에 대한 막연한 낙관주의와 비관주의를 모두 비판적으로 사고할 수 있도록 유도해야 한다.

- 인간이 생명을 창조하는 사태에 대한 경고는 하늘에 닿고 싶다는 욕망을 경고한 바벨탑 붕괴 신화와 17세기의 기계적 유물론에 바탕을 둔 프랑켄슈타인 등 다양한 방식으로 시도되었다.
  - 문제는 인간의 생명 창조 행위가 종교적 엄숙주의에 의해서 비판

받는 것 또한 경계되어야 한다.

- 수업의 목표는 찬반으로 입장을 지정하여 발표 토론하게 함으로써 이 문제에 대한 보다 치밀한 사고 실험을 해보도록 하는 데 있다.

- 이 영화는 정돈되고 통제되는 전체국가에 대한 SF의 근심을 보여준다. 거대한 건물, 단순한 공간들, 인적 드문 거리와 빠른 차들, 거리 곳곳에서 이어지는 검문검색은 통제된 도시상이다. 이 모든 것이 미래 사회의 신 파시즘에 대한 불안감을 전한다.

- 유전적 다양성의 확보가 인간의 생존 가능성을 높인다는 생물학적 사실을 직시해 보면 인간 복제가 유전적 다양성의 축소 위기를 가져오는 것이 아닌지 주목해야 한다.

- 영화의 문제점 하나
  - 제롬과 빈센트의 영웅적인 자기 생존 투쟁은 이해가 가지만, 한 사람은 우성 유전자를 주입받아 태어났지만 후천적인 사고를 통해, 다른 한 사람은 열성 유전자를 타고난 탓에 도전할 기회조차 얻지 못했다. 그러나 이들은 자신을 탓할 뿐 이것이 사회 문제라는 사실을 전혀 의식하지 않는다.

- 20세기와 21세기엔 중세의 종교와 근대의 이념의 역할을 과학이 대신할지도 모른다. 그러나 과학이란 이름 아래 인류를 전멸시킬 수 있는 살상 병기가 개발되었고, 우생학과 인종학이라는 사이비 학문 때문에 과학을 폐기해야 한다고 주장하는 의견도 문제이지만. 과학이 비정치적이며 모두에게 중립적인 학문이란 환상도 경계해야 한다.

제7장 네트: 정보사회의 찬반론

1. 영화에 대해

영화 〈네트〉는 우연히 이 신종 컴퓨터 범죄 집단의 그물에 걸려든 미모의 프로그래머 안젤라가 거대 전자기업과 고위층의 검은 커넥션을 밝혀내는 숨 가쁜 액션 영화이다. 정보사회는 보안장치 프로그램의 결점을 숨기려는 일개 컴퓨터 회사가 고위 공무원의 병력을 조작하여 자살하게 만들 수 있으며, 갑자기 '나'라는 존재가 다른 사람으로 바뀔 수 있고 자신이 살아온 인생조차 철저하게 조작될 수 있는 시대이다. 〈네트〉는 컴퓨터 통신망에 불과한 인터넷이 단순한 조작만으로도 한사람의 인간에게 사회적 사형 선고를 내릴 수 있다는 사실을 긴장감 있게 그리고 있다. 과연 미래사회는 다가올 미래정보사회는 '테크노피아(Technology+Utopia)'가 될 것인가 '테크노포비아(Technology+Phobia)'가 될 것인가.

2. 영화내용

"온 세상이 컴퓨터 안에 들어있다. 차량기록, 사회보장, 신용카드, 의무기록 카드 등 꼭 자기 생활에 끼어들라고 애원하는 것처럼. 이번엔 내가 그랬지만 다음번엔 당신이 그럴 수도……." - 안젤라 버넷

영화의 첫 장면은 어느 건물 앞에서 국방부 차관이 신체검사 결과 에이즈양성반응 결과를 통보받고 비관하여 워싱턴 근교의 포트맥 강변의 헤이네스포인트 공원에서 권총 자살을 하는 것으로 시작된다. 멀쩡한 공무원을 컴퓨터 조작을 통해 에이즈(AIDS) 환자로 만들어서 그가 자살하게 만든 것이다. 이 장면에 이어 나오는 "각성"이란 환경 조각작품(머리, 팔, 다리 일부를 제외하고 땅속에 묻혀있는 환경조각품)을 비춰주므로써 현대 문명의 발달에 따른 인간의 피해, 즉 이 영화의 주제를 암시하듯 계속해서 조각 작품을 비춰준다.

뒤이어 LA 교외의 한적한 주택에서 소프트웨어 회사의 재택근무 요원인 안젤라 베넷(산드라 블록)은 인터넷을 이용해 채팅을 하고 업무를 보며 피자를 주문한다. 그리고 우편물을 받으러 나왔을 때 이웃들은 안젤라를 보고 낯설어 한다.

안젤라는 사이버 시대의 전형적인 인간상이다. 소프트웨어 제작자가 베타판(컴퓨터 소프트웨어를 정식 상품화하기 전에 오류를 발견하기 위해 공개한 시험판)으로 내놓은 게임 프로그램을 테스트하고 오류를 시정해주는 일을 하고 있다. 굳이 회사에 출근할 필요도 없으며 인터넷을 콘돔이라하여 남성들과의 데이트도 인터넷을 통해서 사이버 채팅을 하는 것으로 갈음한다. 외출하는 것도 치매에 걸린 어머니를 면회하기 위해 요양소를 방문할 때뿐이므로 이웃과의 교류도 4년 동안 없을 정도로 밀폐된 생활을 한다.

어느 날 특송우편으로 인터넷 통신용 소프트웨어가 안젤라에게 배달된다. "모차르트의 유령"이라는 음악 프로그램인데 연주회 항목을 클릭하면 원자력 위원회 같은 주요기관의 비밀 자료에 접근할 수 있는 이상한 아이콘이(한글의 "ㅠ"와 비슷) 화면 오른쪽 아래 나타난다. 뭔가 프로그램이 잘못 입력된 것이므로 분석할 필요가 있어서 소프트웨어 회사의 동료가 그녀에게 보내온 것이다.

안젤라가 모처럼 멕시코로 휴가를 떠나기로 한 날 직접 만나 이상한 아이콘을 상의하기 위해 비행기를 몰고 찾아오던 동료가 계기고장으로 인해 의문의 추락사를 당한다. LA 공항에서도 컴퓨터 고장으로 모든 항공기의 이착륙이 전면 중단되는 사태가 벌어진다.

우여곡절 끝에 휴가를 출발하게 된 안젤라가 멕시코 해변에서 노트북을 만지면서 선탠을 하고 있는데 웬 잘생긴 남자가 그녀에게 말을 걸어온다. 컴퓨터 엔지니어라고 자신을 소개한 잭 데블린(영국의 연극배우인 제레미 노덤)은 안젤라를 요트로 초대하고 해변을 함께 거닐며 노처녀의 마음을 사로잡는다. 그때 호시탐탐 기회를 엿보던 괴한이 그녀의 핸드백을 날치기한다. 괴한을 뒤쫓던 잭은 그로부터 디스켓을 빼앗은 후 그를 소음총으로 처치한다. 알고 보니 잭이 문제의 디스켓을 안젤라로부터 빼앗기 위해 고용한 사람이었던 것이다.

잭은 사건을 신고하겠다며 요트를 타고 바다로 나간다. 그러나 그의 상의 안쪽 호주머니에서 소음총을 발견한 눈치 빠른 안젤라는 그가 무슨 엄청남 음모를 꾸미고 있다고 생각하고 격심한 격투 끝에 요트에서 탈출한다. (잭은 안젤라를 놓친 후 안젤라의 사진을 교통부 컴퓨터에 루스 막스라는 이름의 전과자로 등록시켜 놓는다. 그리고 잭은 그녀의 기록을 계속 바꿔서 그녀를 괴롭힌다.)

구사일생으로 살아난 안젤라에게 도무지 이해할 수 없는 사건이 연달아 발생한다. 그녀가 묵었던 호텔에서는 아직 체크아웃을 하지 않았음에도 투숙한 적이 없었던 것으로 드러나고, 핸드백을 날치기 당했기 때문에 여권을 새로 만들려고 하지만 미국 영사는 안젤라 베넷 대신 루스 막스라는 이름으로 여권을 발급해준다. 컴퓨터 시스템의 고장으로 뉴욕의 주가가 폭락하고, 그녀가 살던 집은 자기도 모르는 사이에 매물로 나와 있다. 그녀의 존재가 컴퓨터 기록에서 깡그리 지워져버린 것이다. 소속회사로 전화를 해보니 그녀의 업무를 감독해 온 상사는 이미 퇴사하였고 엉뚱한 여자가 자신을 안젤라 베넷이라고 밝히며 문제의 디스켓을 내놓으라고 협박한다.

경찰에게 쫓기는 신세가 된 안젤라는 과거 정신과 치료를 받았던 닥터 챔피언(데니스 밀러)에게 도움을 청하고 호텔로 피신한다. 그러나 안젤라의 통화내용은 잭에게 그대로 추적당하여 그녀에게 도움을 주던 의사마저 페니실린 알레르기로 병원에 입원하였다가 그녀가 산타모니카 놀이공원으로 채팅 상대방을 만나러 간 사이에 약물사고를 가장하여 살해된다. 병원의 컴퓨터 기록에는 엉뚱하게도 당뇨병환자로 되어 있었던 것이다.

일련의 사건은 컴퓨터 보안 소프트웨어인 "게이트 키퍼"를 개발한 "프레토리안" 그룹의 제프 그레그가 잭을 비롯한 하수인들과 함께 꾸민 일이었다. 그는 게이트 키퍼가 주요기관에 설치된 것을 계기로 대상기관의 주요 정보를 빼돌려 세계지배의 야욕을 꿈꾸고 있었다. 그러니 게이트 키퍼의 도입을 반대하던 국방부차관도 컴퓨터 진료기록을 조작하여 AIDS 환자로 몰아 자살하게 만들었던 것이다.

안젤라는 이들의 정체를 알아차리지만 누구에게도 이 사실을 알릴 수가 없다. 그녀는 죽은 의사의 차를 타고 가던 중 잭이 컴퓨터 조작을 통해 전과기록을 만들어버려 전과기록이 있는 루스 막스로 오인 받아 그만 경찰에 체포되고 만다. 그녀가 재판을 받기 전에 FBI 요원을 가장한 잭의 동료가 그녀를 구치소에서 데리고 나와 문제의 디스켓 소재를 캐

묻는다. 그런 후 안젤라는 가짜 FBI 요원과 격투 끝에 다시 도망가게
된다.

문제의 디스켓은 이미 멕시코 바닷가에서 햇빛과 바닷물로 훼손되어
버렸기 때문에 샌프란시스코 본사에 남아 있는 안젤라는 컴퓨터기록을
찾으러 사무실로 잠입한다. 그리고 시간을 벌기 위해 거짓 화재신고를
한다. 문제의 소프트웨어를 디스켓에 복사한 다음 안젤라는 가짜 안젤라
를 피해 인근 컴퓨터 전시회장으로 가서 법무부에 범죄신고를 하고 문
제의 파일을 증거로 제출한 다음 그녀의 뒤를 쫓는 잭 일당의 추적을
피하기 위해 바이러스 프로그램을 작동시킨다. 그렇게 하여 "게이트 키
퍼"는 안젤라의 바이러스 프로그램으로 망가지게 되고 그녀를 쫓던 잭
은 그녀와의 추격도중 사고로 죽게 된다.

그런 후 안젤라는 그녀의 어머니를 집으로 모시고 와서 정원을 가꾸
며 과거의 일상생활로 되돌아간다.

3. 인물분석 및 영화분석

가장 비중 있는 인물인 안젤라 버넷에 대해 살펴보자. 안젤라 베넷은
극중에서 전형적인 케리어 우먼이며 생활력 강하고 창조적이며 독특하
지만, 대인관계는 매우 적은 편이고 고립된 생활을 즐긴다. 그녀는 먹는
일이든 음식 배달이든 컴퓨터로 해결하고 치매에 걸린 어머니를 만나는
것을 제외하고는 외부와의 만남이나 활동 자체를 하지 않는다. 지독한
인터넷 중독이라고 이야기할 수 있지만 현대 사회의 일에 집착하는 일
중독자들과 비슷한 면을 가지고 있다. 재택근무로 인해 집에서 업무를
담당하고 직접적으로 사람을 만나지 않고 채팅을 통해 다른 사람과 대

화한다. 그리고 그녀는 거의 외출을 하지 않아 이웃들조차 그녀의 존재를 모를 정도로 철저하게 외부세계와 단절된 삶을 살고 있다.

컴퓨터를 비롯한 다양한 전자 미디어와 정보통신 기기들이 급속히 보급되면서 일반인들도 정보화라는 사회적 변화를 실감하고 있다. 이 시대의 주제는 한마디로 정보기술(IT)로 집약된다. 우리는 오래 전부터 IT를 21세기의 국가적 꿈으로 삼고 있다. 언론매체들은 하루도 거름 없이 IT 관련 뉴스를 보도하고, 지식정보사회의 꿈을 전파, 선전하고 있다. 이제 IT와 지식정보사회는 전세계적 핵심의제로 떠오르고 있다.

정보 통신 사회에 대한 가장 통상적인 이해는, 컴퓨터와 통신기술이 결합한 컴퓨니케이션(compunication) 혹은 컴퓨터 매개 통신(CMC-computer mediated communication)을 통해서 정보의 축적, 처리, 분석과 전달 능력이 획기적으로 증대되면서 정보의 가치가 산업 사회에서의 물질이나 에너지 못지 않게 중요한 재화로서 인식되는 사회라는 것이다.

정보사회로의 변화가 진전됨에 따라 삶의 질은 여러 가지 측면에서 향상되었다. 우선 인간 편리성의 증진을 들 수 있다. 이제 거의 모든 직장과 가정에 컴퓨터가 보급되어 예전에는 일일이 손으로 쓰거나 타자기를 두드려서 문서를 만들고 이를 두껍게 보관하던 것을 이제는 하나의 파일로 처리할 수 있다. 교통편이나 쇼핑 정보 따위도 집에서 컴퓨터 통신으로 간단히 알아볼 수 있다.

아무리 컴퓨터와 인터넷의 편리성에도 불구하고 지나치게 인터넷에 의존하면 문제가 발생한다. 안젤라 베넷은 거의 대부분의 일을 컴퓨터 네트워크로 주문하고 처리한다. 그녀가 외출하는 것은 요양원에 있는 어머니를 만나러 갈 때뿐이다. 우리가 그토록 갈망했던 미래 컴퓨터 사회에서 재택근무의 전형을 보여주고 있는 것이다. 하지만 그런 재택근무는 우리가 꿈꾸던 그것과는 사뭇 다르다. 그 대신에 컴퓨터가 모든 것을 해결하는 시대의 인간소외를 엿볼 수 있다.

외출도 거의 하지 않고 집안에서만 일하고 모든 것을 컴퓨터로 해결하던 안젤라는 정작 위기가 닥치자 도와줄 사람이 없다. 살고 있는 집에서 4년 동안 살면서 이웃과 한마디도 이야기한 적이 없기 때문이다. 이웃 사람들을 전혀 알지 못하므로 이웃사람들은 안젤라를 도와주기는커녕 알아보지도 못한다. 아무리 사회가 변화하더라도 사람과 사람이 만나서 관계를 맺어간다는 틀을 무시하거나 소홀해서는 어느 한 순간에 위험에 빠질 수 있다는 것을 보여준다.

사회가 정보화됨으로써 생겨나는 역기능으로서는 개인의 권리와 사생활권에 대한 위협, 정보통신 시스템의 집중화와 대규모화에 따른 재해 가능성, 정보의 범죄이용 가능성, 인간성 상실 등을 예상할 수 있다. 비관론자들은 정보사회가 풍요롭고 살기 좋은 사회이기보다는 삶의 조건이 더욱 악화될 것이라는 우려를 제기한다. 그들이 비관론의 근거로 제시하는 것은 기술의 통제불가능성, 기술결과의 악용가능성, 기술이익의 사회적 배분과정의 비형평성 등이다.

또 다른 사람들은 기술발전의 속도가 점차 빨라지고 기술의 복잡성과 규모가 기하급수적으로 증대함에 따라 인간이 기술에 대한 통제능력을 상실하게 되어 오히려 기술의 지배하에 종속될 것이라고 주장한다. 실제로 현재 정보기술의 발전은 이용자의 필요에 의해 개발된다기보다는 자율적으로 개발되고 인간의 필요를 역으로 창출해나가는 측면이 다분히 있다. 이러한 상황은 기술에 대한 인간의 부적응을 낳는다든지, 불필요한 사회적 낭비를 초래할 우려가 없지 않다.

〈네트〉는 사이버상에서 인간들의 대인관계가 무너지고 인간정체성의 혼란될 가능성에 대해 이야기하고 있다. 인간이 자신의 정체성(identity)을 확인하는 것은 여러 타인과의 인간관계에서이다. 그런 면에서 볼 때, 〈네트〉는 컴퓨터가 사이버 공간에서의 인간정체성의 왜곡이나 조작가능성의 문제를 제기하고 있다는 것을 알 수 있다. 네트워크상에서 주인공의 존재가 완벽하게 조작되는 영화를 통해 우리는 여러 가지 가능한 상황들을 생각하게 된다.

갑자기 '나'라는 존재가 다른 사람으로 바뀔 수 있고 자신이 살아온 인생조차 철저하게 조작될 수 있는 시대가 도래하는 것이다. 〈네트〉는 컴퓨터 통신망에 불과한 인터넷이 단순한 조작만으로도 한 사람의 인간을 사회적으로 매장해 버릴 수 있다는 사실을 긴장감 있게 그리고 있다. 단순한 조작을 통해서 정직하게 살아온 사람이 어느 날 갑자기 전과자가 될 수도 있고, 전과자의 전과 기록이 모두 없어져서 정직한 사람처럼 되어버릴 수도 있는 것이다.

정보화가 촉진됨에 따라 컴퓨터와 정보통신망을 이용한 범죄가 크게 늘고 있다. 컴퓨터 범죄는 크게 데이터의 도용, 시스템 및 데이터의 파괴, 허위정보의 유포, 사기 등으로 구분된다. 사회적 물의를 빚고 있는 해커(hacker)들은 국가나 주요기관의 정보를 빼가거나 파괴함으로써 정보사회에 암운을 드리우고 있다. 뿐만 아니라 폰뱅킹 사기, 신용카드 사기와 같은 컴퓨터를 대상으로 한 사기행위나 금융기관의 컴퓨터를 조작하여 돈을 직접 자기계좌로 부정인출해가는 금융사고가 꼬리를 물고 이어지고 있다. 특히 동서 간 이데올로기적 대립이 종지부를 찍은 지금, 국가 간 경제 전쟁이 주요 이슈로 등장하고 있고, 이에 따라 기업정보나 기술정보 등 경제적 기밀의 유출과 보호를 둘러싼 국제적 첩보전이 치열하게 전개되고 있다. 이러한 정보전쟁은 정보사회가 진전되고 정보가 국가적 자원으로서의 중요성이 커질수록 더욱 치열하게 전개될 것이다. 따라서 이러한 각종 범죄에 대비한 대응책이 조속히 강구되어야 한다.

이들 범죄는 첨단기술을 이용한 신종범죄들로서 기존의 형법체계로는 이를 예방하기 어렵기 때문에 새로운 법체계의 제정이나 기존 형법의 수정 등이 요구되고 있다. 따라서 아직 일정하게 체계화된 법체계가 형성되지 못한 상태여서 국가마다 상이한 법체계로 이에 대응하고 있는 실정이다. 우리나라에서도 형법 외에도 문서에 관한 법률, 저작권법 등 여러 가지 개별법에 의거하여 이들 범죄에 대처하고 있으나 아직은 효과적인 법적 대응을 찾지 못하고 있는 형편이다. 더욱이 이들 범죄의 발견이나 예방에는 고도의 정보기술 능력이 요구되는 것이어서 기존 수사기관이나 수사방법에 있어서도 많은 변화가 요구되고 있다.

또한 정보망이 점차 국제화·광역화됨에 따라 범죄도 급격히 국제화되는 추세에 있다. 인터넷에서 물건을 산 사람의 신용카드 번호가 유출되어 도용되는 사례, 제 3세계의 부정축재 재산을 미끼로 한 사기행각, 국제적 마약거래나 인신매매, 테러집단의 정보망 이용 등 무수한 예를 들 수 있다. 이에 따라 컴퓨터 범죄에 대응하기 위한 국제적 공조체제의 구축이 시급한 과제로 등장하고 있으며, 외국인 범죄에 대한 법체계의 정비, 국제적 정보능력을 갖춘 수사관의 양성 등도 서둘러야 할 것이다.

4. 쟁점토론: 정보사회의 긍정론과 부정론

1) 긍정적 입장--기술 결정론적 시각

• 전자 민주주의의 실현으로 참여의 폭이 넓어짐

- 소수에게 정보가 독점되지 않고 공유됨으로써 권력 분산이 이루어짐

- 소품종 대량생산에서 다품종 소량생산의 사회로 이동
  - 인터넷 비즈니스 등 전자 상거래의 확산에 따른 효율적인 경제 활동 가능

- 사이버 공간에서 평등한 네트워크 형성
  - 새로운 유형의 공동체 형성
  - E-mail이나 채팅, 메신저 등을 사용하여 새로운 커뮤니케이션의 지평 확대

- 인터넷 방송이나 웹 신문 등 다매체, 다채널
  - 다원화된 문화 가능케 함

- 포스트모더니즘적 요소
  - 고급, 대중문화의 구별이 없어지고, 퓨전 현상이 일어남

- 환경 보호에 기여
  - 환경과 관련된 정보 공유, 기술이 환경 친화적 요인으로 작용

2) 부정적 입장--대중 조작의 위험성

- 핵심적인 것보다 주변의 것들을 공개함으로써 관심을 유인

- 연예화 현상 : 음란, 폭력물 등의 유통으로 저질 문화의 확산

- 허위 정보의 확산

- 정보 과부하 - 정보를 골라주는 새로운 지배 계층 등장

- 정보 격차 심각
  - '부'와 '빈'은 여전히 존재

- 강대국과 약소국 간의 전자 식민주의 현상

• 정보 통신의 변화에 따른 계속적인 교육과 새로운 기기 구입을 위한
  돈이 필요해짐

• 'NEIS'(교육행정정보시스템)이나 '전자주민카드' 등에 의한 인권 침해
  가능성
  - '몰래 카메라' 등 사생활 침해 및 정보 도용의 가능성
  - 해킹에 따른 개인 정보 유출 가능성

• 환경 파괴 및 직업병
  - 반도체로 인한 유해물질 : 새로운 유형의 산업 쓰레기
  - VDT 증후군(어깨, 손 마비)

• 인터넷, 게임 등 네트 중독 현상

• 비속어나 또래 집단 간의 인터넷 언어에 따른 의사소통의 단절 현상

5. 마무리

• 현대 사회에서 정보의 가치를 알고, 인터넷의 장점을 잘 활용할 수
  있게 하여 정보 사회의 편리함을 최대한 누리도록 한다.

• 정보사회가 가져온 편리함 못지않게 새롭게 등장하고 있는 여러 가
  지 문제를 파악하여 정보사회의 밝은 면과 어두운 면에 대한 균형적
  인 시각을 갖도록 지도한다.

• 밝고 건전한 사회를 위해 학생들이 스스로 지켜야 할 것이 무엇인지
  생각해보도록 하여 적극적인 문제 해결의 자세를 갖도록 한다.

- 단순히 영화 감상만을 하는 것이 아니라, 문제의식을 갖고 내용의 흐름을 살피도록 주지시킨다.

- 이윤의 확대를 추구하는 자본주의 사회의 과학 기술은 결코 가치중립적이지도 않으며 비정치적이지도 않다는 점을 고려하면서 비판적 반성적 입장에서 지나친 낙관주의와 미관주의를 모두 경계하면서 미래 사회를 전망할 수 있도록 지도한다.

* 참고 영화 : 에너미 오브 스테이트, 마이너리티 리포트, '해커스', '매트릭스'. '가타카', '오픈 유어 아이즈', '공각기동대', '여인의 음모', '트루먼 쇼', '트론', '워터월드', '블레이드 러너' 등에서 정보화사회를 비롯한 미래사회를 그려내고 있다. 그러나 이제 이런 영화들은 더 이상 '영화같은 가상현실'이 아니라 '현실을 반영한 영화'일 뿐이다. 어느새 인간의 삶 속으로 깊숙이 들어와 버린 정보화의 물결 속에서 이제 우리는 선택을 해야만 하는 기로에 서게 된 것이다.

제8장 후아유: 가상현실의 문제

1. 영화에 대해

〈후아유〉는 게임, 채팅, 아바타로 상징되는 20대의 정보시대 속의 사랑을 표현하고 있다. 최초로 3D 아바타 채팅게임을 드라마의 주요 소재로 채택하여 젊은 남녀와 아바타 사이에 벌어지는 숨바꼭질 같은 사랑을 펼친다. 현실과 사이버 공간에서 엇갈리는 남녀의 사랑이야기이다. 영화 〈후아유〉는 현실과 인터넷 속의 사랑을 결합시키며, 서로 다른 공간에서 존재한 사랑이 결국 하나였음을 보여주고 있다.

영화 〈후아유〉는 최초로 3D아바타 채팅게임을 드라마의 주요 소재로 채택하였으며, 공감내를 증폭시키기 위해 젊은이들의 거리인 압구정, 대학로 등을 게임 안에 그대로 재현시키는 그래픽을 구사한다. 실제 후아유 게임 제작비에만 3억 원을 투자했다고 한다.

2. 영화의 내용

분주하게 움직이는 사무실 담배연기가 사방에서 뿜겨 나오고, 한 무리의 사람들이 모니터 앞에서 저마다의 의견 제시에 바쁘다. 게임 CD를 고르는 여인, 후아유 CD를 이리 저리 살피다가 접속 시켜 열고 자기 나름 대로 아바타를 고르고 명함을 코디한 후 후아유 베타테스트에 참가한다.

인주는 오늘도 63빌딩을 30층까지 헉헉거리며 뛰어오르면서 '습관이란 무섭다 안 뛰면 몸이 굳는 것 같다'고 말한다. 인주는 63빌딩의 씨월드에서 일하고 있다. 2년 넘게 걸려서 만든 게임 후아유의 오픈을 앞두고 앞일에 대한 걱정 반 기대 반에 노심초사하고 있는 형태는 베타테스트를 신청한 사람들의 의견을 검색하고 있다.

게시판의 대부분 글은 '잼 잇어요~' '그림 조아여!' '파트너 바꾸고 싶어요!' '왜 접속이 안되죠?' 등등이다. 그러던 중 게시판에서 어느 글 하나가 눈에 띤다.

조악한 아바타. 엉성한 배경, 이거 정말 오픈할 건가여?--별이

형태는 약간은 분개한 표정으로 인상을 쓰면서 "아직 더 많은 업그레이드가 기다리고 있습니다" 등의 홍보성 글을 친다. 그리고는 〈별이〉의 아이디를 검색해 신상명세서를 열어본다. 형태는 그녀가 같은 건물의 수족관 다이버라는 것을 알게 된다.

인주는 자기 나름대로의 승부욕에 새로운 인어 쇼를 히트시키기 위해 연습에 열중인 수족관 다이버다. 그녀는 한 때는 잘 나가던 국가대표 수영 선수였다. 하지만 부상을 당해 청력을 잃은 후로는 이곳에서 일한다. 인주는 자신의 처지를 보여주는 듯한, 시력을 잃어 가는 바다표범 똘이를 다른 누구보다 안쓰러워한다.

분주히 움직이는 직원들 사이에서 비명에 가까운 소리에 한 구석 직원의 모니터 앞에 모두들 모인다. 모니터에 올라온 글은

'나는 칼이다!'

'너무 많이 알려고 하지마. 찔려!' 〈별이〉

이 글에 직원들은 웅성거리고 형태는 별이라는 아이디에 눈길이 간다.

형태는 베타테스터를 빙자하여 인주를 찾아간다. 씨월드에 들어 선 형태는 수족관 안에서 신비롭게 유영하고 있는 인어의 모습을 보면서 입이 벌어지고 만다. 인터뷰하려고 찾던 별이가 그 인어라는 사실에 형태는 같은 건물 30층에 있다고 알리면서 엉뚱하고 당돌한 그녀에게 관심을 갖게 된다. (인주는 인터뷰 사례금 대신에 자신이 쑈하는 장면을 찍어달라고 형태에게 부탁한다. 쑈하는 장면을 찍는 도중에 인주는 물을 많아 먹어서 위험에 빠지지만 바로 구조된다.) 그러나 인주는 인터뷰하러 찾아온 형태에게서 옛 남자 친구의 눈빛을 느낀다.

형태는 멜로라는 아바타로 자기 자신이 형태라는 사실을 숨기고 인주의 게임 파트너가 되어 접근한다. 형태는 온라인상에서 자기 자신을 매일 손가락을 놀리는 뮤지션 드러머라고 이야기한다. 형태는 온라인과 현실 양쪽에서 인주를 알아 가는 아슬아슬한 게임을 즐기면서 점점 그녀에게 빠진다. 인주도 자기를 너무나 잘 알아주는 게임 속 파트너에게 자신의 마음을 열기 시작한다.

어느 날 그들은 커플게임 리스트 중 진실게임을 하게 된다.

(진실게임-미스테리하고 몽환적인 정육면체의 방, 시소처럼 긴 테이블의 양끝에 별이와 멜로가 앉아있다. 서로 마주보고 있지만 멀리 떨어져 있다. 메신저의 질문이 테이블 가운데로 펼쳐지면서 테이블이 길어지고 질문에 답할 때마다 테이블이 줄어들면서 둘 사이가 가까워진다.)

별이는 진실게임에서 어느 순간으로 되돌아가고 싶은가라는 물음에 3년 전이라고 한다. 그때 그녀는 모든 것과 헤어지고 다시 태어났다고 말한다. 그리고 그때 멀어진 친구의 눈빛이 지금 자신의 주변에서 보게 되는 게임 관리자의 눈빛과 같다고 말한다. 인주는 현실 속의 형태를 게임으로 떼돈을 벌려는 이기적인 속물로 취급한다.

인주는 자신의 현재 모습을 가까운 친구 보영에게 말하곤 한다. 어느 날 보영은 자신의 인터넷 모임방의 정모를 이야기하며 이 모임에서 시삽이 자기와의 커플임을 신고하겠다고 해서 부푼 마음으로 모임에 나간다. 그러나 현실의 모임에서 얼굴을 대하게 된 시삽은 모임방에서의 이야기와 달리 다른 여자를 향해 커플임을 신고한다. 보영은 아바타 멜로에게 마음을 여는 인주에게 게임이 끝나면 모든 게 사라진다고 말하며 운다.

며칠 후 인주의 접속 화면에 〈멜로/별이〉만의 새 공간이 있다는 메시지가 뜬다. 멜로는 별이에게 지도를 보고 이동하라고 하자, 비밀번호를 생각하다 '티티카카'를 친다. 그러자 푸른 바다 속으로 아바타가 들어간다. 그러자 놀라는 인주 얼굴과 공간에 선 아바타가 교차된다. 호수 위에 그림 같은 호수 갈대 섬 인주가 여행사이트에서 본 티티카카, 아름답게 펼쳐진 공간 속에 서 있는 별이 옆에 멜로 아바타가 와 선다. 순간 인주는 감동하여 입이 벌어진다. 멜로는 별이에게 전한다. "전화도 만나는 것도 안돼, 보이지도 않아 하지만 언제나 옆에 있어 힘이 되는 친구…….힘을 얻었어 투명친구!!!"라고

투명친구가 되어 전혀 알 수 없었던 인주의 아픔을 발견하면 할수록 형태는 사랑의 감정을 느끼게 된다. 이제 형태는 게임 속의 멜로에 빠져 있는 인주의 환상을 깨주려고 노력한다. 그러나 그럴수록 인주는 현실의 형태에게는 마음을 닫아 버린다. 게임 속에서는 둘도 없는 커플이지만 현실에서는 만나면 싸우고 빈정거리게 되고 엇갈리는 두 사람이다.

형태는 자신의 아바타에게 질투를 느끼며 마침내 자신이 멜로였음을 고백하려고 한다. 형태는 자신들의 아지트에서 만나자는 메시지를 보낸다. 그러나 자신과의 몇 차례 연습에도 불구하고 형태는 인주 앞에 나서지 못한다. 인주 역시도 멜로가 나타나지 않음에 위로감을 가진다. 인주가 보영에게 "얼굴도 모르는 사람이지만, 기분 좋고, 설레고…… . 세상에 내편이 한 명 더 늘어난 것 같았어. 이런 기분 더 갖고 싶어. 만나면 …… . 그게 없어질 것 같았어. 나랑 똑같은 생각을 했을 지도 몰라…… . 그래서 못나온 거야."라고 말한다. 그리고 이제는 수족관 다이버 일을 그만두겠다고 하자, 보영은 자신이 몇 년을 걸려서도 변화시키지 못한 자폐아를 짧은 시간에 변화시켰다며 알지는 못하지만 멜로에게 고마워한다. 그러면서 이제 네가 만나자고 하라고 말한다.

형태는 사무실을 이전하다가 인주가 인사하러 온 것을 보고 인주를 자신의 아지트인 건물 꼭대기 헬기장으로 데려간다. 그곳에서 인주에게 남자들이 자기 아지트를 여자에게 보여주는 것이 무슨 뜻인지 아느냐고 묻는다. 자기를 알아달라는 뜻이라고 말하면서 …… .

이제 별이가 멜로에게 만나고 싶다는 메시를 보낸다. 형태는 그 메시지를 보고 당황한다.

드디어 멜로와 별이가 만난다. 인주 앞에 나타난 형태를 본 인주는 표정이 굳어진다. 형태는 그녀 앞에서 자기의 아바타보다도 무력해짐을 …… . 그러나 인주에게 말한다. 지형태에게 화내는 거냐? 아니면 멜로에게 화내는 것이냐? 고 그리고 자신은 인주에게도 별이에게도 진실했다고 말한다.

인주는 횡단보도에 이르러서도 건너지 않고 있다. 형태도 건너려다가 인주가 바라본 곳을 본다. 빌딩 위 대형 액정 TV에 후아유 광고가 나온다. 몇 번이고 파란 불이 바뀐다. 여러 개의 광고 중에 반복적으로 후아유 광고가 뜬다. 인주는 계속 반복되는 광고를 보고 있다. 빨간 불이 바뀌었다. 나란히 서 있는 화면 위로 목소리가 들린다. "다음 파란 불엔 건너자, 둘이 같이……." 라는 인주의 목소리가.

3. 인물분석 및 내용분석

서인주:

서인주는 유망한 국가대표 수영선수이었다. 이젠 수족관 다이버로써 그 꿈을 만족시킬 수밖에 없지만 그녀는 현실 도피적인 성격을 갖고 있다. 그래서 현실의 남자 친구를 사귀고 싶어 하지 않는다. 하지만 후아유 속의 멜로는 마음 편하게 만날 수 있다. 멜로는 알게 모르게 내 마음을 이해해 주니까. 그래서 투명 친구(＝멜로)밖에 없다는 말을 하게 된다. 같은 빌딩에서 근무하는 형태가 멜로라는 사실을 전혀 예상하지 못한 채.

서인주는 자신의 상처를 남에게 알리고 싶지 않은, 그래서 겉으로 당당하게 보이는 여자이다. 서로에 대해서 모르기 때문에 편해서, 현실이 아닌 가상공간에서만 만날 수 있어서 인주는 게임 후아유의 가상친구 멜로를 좋아하게 된다. 그녀는 멜로에 대해서 아는 것이 없고, 그 또한 자신에 대해서 아는 것이 없다고 추측하기에 익명성이 보장되는 후아유에서 만큼은 자신의 솔직한 모습을 보여줘도 상관없다고 생각한다.

지형태:

지형태는 현실과 후아유의 사랑을 동시에 경험하는, 그래서 자신을 밝히기 두려워하는 남자이다. 처음에는 자신이 만든 후아유를 비방하는 사람이 누군지 궁금했을 뿐이었다. 그래서 호기심에 서인주를 인터뷰했지만, 그 만남은 사랑의 시작이었다. 그는 별이가 좋아하는 남자 멜로와 인주가 좋아하지 않는 남자 형태 사이에서 고민한다. 아바타는 단지 아바타일 뿐 현실이 될 수 없기에 솔직한 자신의 모습을 보여주고 싶지만 막상 지형태보다 멜로를 좋아하는 인주의 생각을 알게 된 순간 머뭇거리게 된다.

그는 인터넷의 허구성을 잘 알고 있다. 가상공간은 원하는 대로 이루어지는 곳이지만 결코 현실이 될 수 없다. 형태가 게임 후아유를 제작한 것은 돈을 벌기 위해서였다. 사람들이 후아유에서 얻게 되는 환상과 기대, 투자는 자신의 성공이기 때문이다. 하지만 인주가 멜로를 좋아하게 되었음을 알게 되면서부터 그녀의 환상을 깨려고 노력한다.

그는 자신이 만든 가상의 낙원에서 인주와 대화를 나누면서도 네트워크 공간의 아득한 거리감에 답답함을 느낀다. 그래서 인주에게 "라이브 스피커"를 키라고 하며 자기 목소리로 노래를 들려준다. 그의 목소리에는 인주와 직접 접촉하고 싶은 절실한 소망이 녹아 있다.

사이버 공간에서 활동하는 사용자의 분신을 표현하는 아바타는 '내려오다'는 뜻인 산스크리트어 'Ava'와 '땅'이란 의미의 'Terr'를 합성한 낱말로, 신이 인간이나 동물의 몸을 빌려 땅에 내려오는 힌두교 신화에서 유래됐다고 한다. 아바타는 익명성의 매력과 현실에서 불가능한 대리만족을 얻을 수 있다는 점 그리고 아바타를 통해 인기를 끈다는 스타 추구성 등이 결합된 인터넷 시대의 새로운 문화현상이다.

현대 사회의 인간은 현실과 가상공간 사이에서 살아가고 있다. 불가능한 것으로 가득찬 현실과 모든 것이 가능한 가상공간 사이에서 많은 현대인들은 현실에서 이룰 수 없는 것을 가상공간에서 이루고 싶어 하기에 빠져 나오려고도 하지 않는다. 영원히 만족감-성취감을 느끼며 그 안에서 살기를 바라는 것이다.

사람들은 누구나 나를 모르는 곳에서 내가 편한 시간에 내가 하고 싶을 때는 언제라도 나를 숨기고 나의 이야기를 하고 싶을 때가 있다. 힘들고 지칠 때 나의 이름이 아닌 다른 이름으로 대화도 나누며 내가 꿈꾸고 상상한 대로의 세상에서 나의 마음 내키는 대로 행동할 수 있는 나만의 유토피아가 있었으면 하고 생각할 때가 있다. 그런 유토피아는 실제적으로 사이버상에서야만 가능하다고 본다.

사이버 공간은 인주처럼 자신의 약점을 들어내지 않고도 충분히 인간관계를 맺어갈 수도 있는 좋은 공간이긴 하지만, 형태처럼 현실의 자신의 모습과 마음과는 다른 본의 아니게 상대방에게 상처를 줄 수 있는 위험한 공간이기도 한 것 같다. 우리는 정보사회에 살면서 이러한 사이버 공간을 잘 이용하여야 하겠지만 그만큼의 책임도 필요하다.

인간은 가상공간(cyberspace)에 육체적, 심리적 특성을 지닌 자연상태 그대로 들어갈 수 없고 그 대신 정보화된, 사이버화 된 인간으로 가상공간에 참여한다. 가상공간은 행위주체의 자유로운 변용을 허용하는 공간이다. 이곳은 참여자의 신분을 확인할 수 없는 익명성이 허용되는 공간이자, 어느 누구와의 접촉도 방해받지 않는 투명성이 보장되는 공간이다. 사용자는 가상공간에 다수의 정보인으로 참여할 수 있고, 그 주체의 성격은 여건에 따라 임의적으로 즉시 교체가능하다.

일반적으로 다중 인격체로서의 성격은 일종의 병적인 상태이다. 프로이트적인 정신분석학적 이론에 의하면 다중자아는 통합되지 않은 분열된 자아로서 자아에 대한 표준적인 견해로부터 이탈한 것이다. 그러나 융 학파의 이론에 의하면 이런 다수 자아에 대한 욕구가 비정상적인 것이 아니다. 이 이론에 따르면 우리 내부의 무의식의 심층에 여러 자아들이 들어있다고 보고 있다. 순결한 처녀, 어머니, 할머니, 영원한 청년과 늙은이 등……. 우리들 각각의 내부에는 남성안의 아니마(anima)나 여성에 있어서 아니무스(animus)로 불리는 다른 성의 자아가 잠재되어 있다는 것이다.

온라인상의 여러 인격체에 적응하는 동안 사람들은 여러 가지 느낌을 받는다. 어떤 사람은 다중 자아에 대해 불편함을 느끼고 누구는 해방감을 느낀다. 누구는 아직 잘 모르고 있었던 자아의 발견을 경험하고 누구는 자아의 변환을 경험한다. 어떤 사람은 심리적 공황상태에 빠지기도 하지만 다른 사람은 자신이 새로운 캐릭터의 역할을 하면서도 자기의식을 명백히 유지할 수도 있다.

다중인격이나 다중자아에 대한 임상심리학적 연구결과를 종합하면 일상세계에서 다중인격이 혼란을 일으키게 될 때 인격의 다양한 측면들은 주된 인격의 배후로 숨어버린다. 그러나 가상공간에서는 다중인격이 상충을 일으키더라도 한 인격이 다른 인격을 억압하거나 약화시키지 않고 제각기 자신의 역할을 수행하면서 다른 인격들과 공존하는 경우가 많다. 우리 내부에 있는 이런 다양한 자아에 대한 생각은 우리 자신이든 바깥의 세계에 관한 것이든 자아를 고정적이고 불변한 어떤 것으로 이해하기가 불가능하다는 것을 깨닫게 만든다.

사람들은 가상공간에서 다른 인격체로 행동하면서 현실세계의 자신을 망각할 수 있다. 가상공간을 인격부조화가 일어나는 일상세계로부터의 손쉬운 도피처로 여길 수도 있다. 그러나 가상공간에서 일어나는 인격변환의 경험은 이런 부정적인 측면보다는 긍정적인 측면을 더 많이 부각시킨다. 가상공간의 경험은 실제 삶에 있어서의 오류를 최소화할 수 있게 한다. 가상인격을 통한 경험은 거짓된 경험이 아니라 실제의 경험을 미리 모의함으로서 사회에 대한 적응을 길러주는 대안적 경험이 될 수 있다.

가상공간에서 가상인격을 통한 다양한 체험을 통해 우리는 일상적 삶에서 우리가 어떻게 투사되고 있는지를 자각할 수 있다. 마치 인류학자들이 다른 문화권의 탐색을 통해 자기 문화를 더 깊이 알게 되는 것처럼 가상세계의 항해자들은 그 전에는 잘 몰랐던 자신의 인격과 자아를 이해하고 실제세계로 되돌아 올 수 있다.

4. 쟁점토론: 가상현실(virtual reality)은 바람직한가?

※ 가상현실 : 사이버 공간 속에서 인위적으로 만들어진 3차원 환경의
　　　　　　　매개물

1) 긍정적 입장

• 가상공간은 우리 삶의 확대와 보완일 수 있다.
  - 실제 현실보다 솔직한 대화가 가능하며, 커뮤니케이션의 지평을 확대시킨다.
  - 보다 넓은 인간관계가 가능해지며 소외된 사람들이 자유로운 의사표현과 활동을 전개할 수 있는 공간이 되기도 한다.

• 가상현실의 익명성은 사이버 범죄를 발생시키는 원인이 되기도 하지만 한편으로는 타인에 대한 두려움을 감소시켜 자신 있게 행동할 수 있는 계기를 마련해 주기도 한다.

- 가상현실에 대한 막연한 두려움보다 객관적이고 미래지향적인 자세가 필요하다. 영화에서 보듯이 결국에는 한 인간에 대한 사랑이 아바타를 매개로 해서 이루어지게 되고 가상현실에서 배운 자신감이 현실 세계에서 적용된다.

- 가상현실에서 우리 삶의 체험은 보다 다양해지고 풍부해진다. 내성적인 사람도 외향적인 사람이 될 수 있고, 못난 사람도 잘난 사람이 될 수 있다. 자신을 강하게 할 수도 있고 사람을 좋아할 수도 있고 마음의 안식처가 될 수도 있다.

- 영화에서처럼 가상현실은 신체가 불편하거나 커다란 충격, 절망감 등으로 인해 마음의 문을 닫아버린 사람들에게는 익명으로 삶의 고단함을 위로받고 공감하며 치유할 수도 있다.

2) 부정적 입장

- 가상과 현실을 혼동함으로써 현실에 대한 인식과 적응이 어려워진다.
  - 가상현실 속의 인물에 몰두함으로써 실제 생활에서 도피하고 타인과 격리되기 쉽다.
  - 자신이 원하는 인물을 마음대로 만들고, 만나고, 삭제할 수 있으므로 생명 경시 풍조로 나타나기도 한다.(사례 : 다마고치 게임)

- 익명성의 만연에 따라 자아 정체성의 혼란에 빠지게 되어 자신의 존재를 직접적으로 느끼지 못하게 된다.
  - 주위에 대한 수치심이나 두려움을 인식하지 못함으로써 스스로의 행동을 조절하지 못하게 된다.
  - 폭력, 음란, 해킹, 사생활 침해, 허위 사실 유포나 비방 등 무책임한 사이버 범죄가 증가한다.

- 가상현실에 빠져 현실을 부정하게 될 경우 자신의 다양한 역할에 따른 의무를 망각하고 무책임해진다.
  - 그 결과 사회 질서의 유지가 어렵게 된다.

- 정보접근에 대한 부익부 빈익빈 현상 초래 : 지식 정보를 원활하게 습득, 분석, 종합하지 못하는 사람은 무능하거나 새로운 사회에 적응하지 못하게 되어 정보 격차에 따른 새로운 갈등 상황이 초래된다.
  - 정보 통신 언어의 남발로 정상적인 커뮤니케이션이 어려워지고 폐쇄적인 집단주의가 확대된다.

5. 마무리

- 찬반 논쟁에 과도하게 집착하기보다 가상현실이 지닌 장단점의 변증법적 종합을 모색해야 함.

- 네티켓 등 정보윤리의 필요성 대두

- 인터넷 등을 통한 참여 기회의 확대로 수평적 전자 민주주의의 확립에 기여할 수 있는 순기능 발전시켜야 함.

- 가상현실에서의 간접적 인간관계는 전 인격적이기보다는 부분적 기능적 관계로서 정체성의 위기 등 인간 소외의 가능성에 주목해야 함.

- 가상공간에서는 타인과의 상호 연대 의식과 타인에 대한 책임감이 약화되어, 반사회적이며 비도덕적인 행동이 자행될 가능성이 높아진다.

- '네티즌 윤리 강령'을 소개한다.

- 채팅, 음란, 폭력, 게임 등에 중독되어 자아 정체성을 상실하지 않도록 자율적 인터넷문화를 만들어 간다.

제2부 애니메이션과 철학교육

제9장 몬스터 주식회사:
철학적 사고와 패러다임전환

1. 영화 소개

2001년 겨울에 나온 〈몬스터 주식회사〉는 드림웍스가 내어놓은 "슈렉"에 대한 대답과 같은 영화로, 픽사(Pixar)의 기술력을 다시 한 번 전세계에 유감없이 보여준 작품이다. 〈몬스터 주식회사〉는 지금까지 사용된 컴퓨터 애니메이션 테크놀로지 역사상 가장 세련된 최첨단 기술로 만들어졌는데, 〈몬스터 주식회사〉의 혁신적인 기술 중의 하나는 모피의 털과 머리카락의 음영과 그림자까지 정교하게 처리했기 때문에 피동체가 움직일 때마다 마치 실사영화처럼 살아서 움직이는 느낌을 전달해준다는 것이다. 보라색 반점이 듬성듬성 찍혀있는 설리반의 푸른색 모피와 털에서 이 기술을 가장 정교하게 볼 수 있는데 설리반의 몸에는 300만 개의 털이 심어져 있다. 꼬마 여주인공 부의 양 갈래로 땋은 머리카닥에서도 설리반의 털과 같은 정교한 기술을 볼 수 있다.

2. 줄거리

다양한 외모의 몬스터들이 살고 있는 몬스터 세상의 도시 몬스트로폴

리스가 있고, 그 도시 중심에 몬스터 주식회사가 있다. 몬스터 주식회사에서 가장 유능한 괴물은 제임스 P. 설리반(일명 설리)이다. 키는 2m 40cm가 넘는 8척 장신에다가 온몸에는 푸른색과 초록색이 섞인 털이 숭숭하며 군데군데 보라색 반점이 있다. 그리고 황소 모양의 뿔도 갖고 있다. 설리반이 원활하게 임무를 완수할 수 있도록 도와주는 파트너는 마이크 와조스키(일명 마이크)이다. 마이크는 외눈박이 괴물이며 초록빛이 나는 연두색의 커다랗고 둥근 공을 닮았다.

룸메이트인 설리반과 마이크는 어린 시절부터 절친한 친구사이로 몬스터 주식회사의 가장 잘나가는 파트너이다. 최고의 겁주기 선수인 설리반은 몬스터 주식회사의 회장인 워터누즈에 신임을 한 몸에 받고 있고 마이크는 몬스터 주식회사의 안내원인 셀리아와 연인사이이다. 한편 만년 2등 사원인 랜달은 어떻게 해서든 설리반의 기록을 넘어서려 안간힘을 쓰고 있다.

도시 중심에 자리하고 있는 몬스터 주식회사는 몬스터 세상에 필요한 에너지를 제공하는 회사로 그 에너지는 인간세계 아이들의 비명소리로 만들어진다. 이 에너지원인 아이들의 비명소리를 모으기 위해서 몬스터 주식회사는 선별된 몬스터들을 아이들 방으로 파견한다. 몬스터 주식회사에는 아이들의 방으로 연결해 주는 작은 문들이 여러 개 있는데 몬스터들은 이들 문을 통하여 아이들 방으로 갈 수 있다. 아이들 방에서 몬스터들은 그들이 그 동안 갈고 닦은 방법들을 통하여 아이들에게 겁을 주고, 그래서 아이들이 비명을 지르게끔 만든다. 아이들의 비명이 크고 길수록 몬스터 주식회사는 더 많은 양의 에너지를 얻을 수 있다. 몬스터 주식회사에는 이렇게 아이들을 겁주러 파견하는 몬스터를 스캐러(scarer)라고 부른다. 하지만 아이들만이 몬스터들을 무서워하는 것은 아니다.

몬스터들 역시 아이들을 무서워한다. 그것은 이 몬스터 주식회사에서 몬스터들에게 아이들은 너무 무섭고 독한 존재여서 아이를 직접 만지는 몬스터는 그 즉시 사망하고, 심지어 아이들의 손길이 닿은 물건까지도 몬스터들에게 해롭다고 가르치기 때문이다. 그러나 영화의 중간부분에서부터 나오듯이 이것은 실제와 다른 이야기이다.

이 영화의 주인공은 가장 유명한 스캐러인 '설리반'과 어린 여자아이 '부우'이다. 물론 익살스런 조연으로 '마이크'라는 둥근 공처럼 생긴 몬스터가 등장한다. 부우는 우연스럽게 열린 문을 통하여 몬스터 주식회사에 들어온다. 이것을 설리반과 마이크가 발견한다. 부우를 발견한 설리반과 마이크는 어린아이를 건드리면 죽는다는 것을 알고 있기 때문에 부우를 보고 질겁한다. 하지만 시간이 지날수록 그들은 차츰 어린아이를 건드리더라도 아무렇지도 않다는 것을 알게 되고 오히려 어린아이의 웃음으로도 많은 에너지를 얻을 수 있다는 사실을 깨닫게 된다. 그리고 나서 그들은 여러 가지 어려움을 거쳐서 몬스터 주식회사의 기본 시스템을 바꾼다. 즉 아이들의 비명 대신 아이들의 웃음을 에너지원으로 사용하고, 그것을 위해 전에는 스캐러였던 몬스터들이 이제는 어떻게든 아이들에게 웃음을 주기 위해서 여러 가지 익살스런 일들을 펼친다. 이러한 해피엔딩으로 영화는 마친다.

3. 철학적 문제들

1) 진실의 왜곡

몬스터 주식회사에 고용된 스캐러들은 아이들을 겁주는 일을 하지만 그런 일을 하면서도 그들은 언제나 아이들이 자신을 건드릴까 두려워한다. 이것은 몬스터 주식회사의 사장인 '워터누스'가 아이들은 우리의 생명에 위협적이라는 왜곡된 사실을 다른 몬스터들에게 세뇌시켰기 때문이다. 이러한 이유 때문에 설리반과 마이크가 처음 부우를 몬스터 주식회사 안에서 보았을 때, 그들은 질겁하며 아이에게서 도망갔다. 하지만 아이가 몬스터들에게 심각한 해를 끼친다는 말은 사실이 아니다. 실제로 몬스터들이 아이를 건드린다고 해도 아무런 일도 일어나지 않는다. 하지만 몬스터들은 지금까지 그렇다고 교육을 받아왔기 때문에 실제로 아무런 일도 일어나지 않는다는 사실을 알지 못하고, 그래서 아이가 몬스터 주식회사 안에 있다는 것을 보고 공포를 느끼게 되었던 것이다.

이런 일은 〈몬스터 주식회사〉에서만 있는 일은 아닐 것이다. 우리 주위에서도 이런 일은 가능하다. 우리도 기성세대에게 어떤 것이 옳은 것이라고 교육받기도 하며 언론이 보도하는 내용들을 참이라고 믿으며 성장한다. 우리가 옳은 것이라고 믿었던 것 중에는 이후 옳은 것이라고 인정되는 것도 있지만 이후 그릇된 것으로 판명나는 경우도 많다. 가령 우리는 공산당원들이 머리 뒤에 뿔이 하나쯤 있는 것으로 배웠지만 실제로 성장해서 알고 보니 그들도 우리와 똑같은 사람이었다.

우리의 일상적 경험이 사회적으로 축적되어 일반적인 공통성을 띠게 되면 상식이 형성된다. 그러므로 상식은 개인적인 소유가 아니라 사회의 공유지식이다. 상식은 사회의 모든 구성원에게 통용이 강요되며 상식이 없거나 상식을 위반하면 사회의 유대를 깨뜨리는 것으로서 죄악시되기까지 한다. 따라서 우리는 일상생활을 하는데 있어서 이 상식을 따라야 하며, 실제로 우리의 일상생활이 이러한 상식에 의해 이루어지고 있음이 사실이다.

그러나 상식이란 그 원인이나 근거에 대한 철저한 비판이나 반성이 없이 자명한 것으로 승인되는 단편적 지식이다. 사실 상식은 일종의 신앙에 가까운 지식이라 해도 무방할 것이다. 따라서 이러한 상식에 대한 도전은 경우에 따라 커다란 희생을 치르게 된다. 가령 중세 시대까지 천동설은 하나의 상식으로 신봉되었다. 근세에 와서도 지동설을 함부로 주장할 수 없었으며 지동설을 주장하는 부르노는 화형당하기도 하였다. 갈릴레이도 지동설을 주장하다가 포기하고 목숨을 건졌으며 데카르트도 지동설을 주장하려다 철회하기도 하였다.

이렇게 상식의 특성은 당연하고 자명하고 의문의 여지가 없다는 점이다. 또한 상식의 세계는 물론의 세계이며 문제가 없는 세계이다. 그런데 이러한 상식은 고정되고 고착화되기 쉬우며 독단적인 성격을 갖는다. 더 나아가 지배세력은 그들의 기득권 유지를 위해 지배적인 생각이나 지배적인 통념을 만들고 이것은 바로 상식으로 통용된다. 이런 경우 지배적인 생각에 도전하는 사람은 소외되거나 제거되고 최소한 어려움을 당한다. 가령 서양의 창조설에 대해 진화론을 주장한 다윈은 『종의 기원』 초판(1859년)에서 진화라는 말을 사용하지 못하고 6판(1872년)에 가서야 진화라는 말을 처음 사용했다고 한다.

우리들은 일상생활에서 당연한 것, 자명한 것에 잠겨 다들 그렇고 그렇다는 타성에 묻혀 살기 때문에 문제나 의문이 생기더라도 그것은 그 순간 그치고 만다. 그런 문제는 철학자나 종교학자가 다룰 문제요, 그것도 옛날부터 많은 철학자나 종교학자가 있었는데 아직도 시원스러운 해결을 못 보았으니 내가 다룰 문제가 아니라고 포기하고 만다. 철학은 너무나 당연시되는 기존의 관념에 대해 왜라고 하는 질문을 던지면서부터 시작된다. 다시 말하면 철학은 당연시되는 세계와 자명한 판단에 대해 의문을 던지는 데서 시작한다.

대체로 상식의 세계는 지배세력(또는 기득권세력)이 즐겨하는 세계이며 지배세력이 직접 간접으로 뒷받침해 주는 세계다. 상식의 세계는 현재의 지배세력이 등장하기 오래 전부터 있어 왔다. 그리고 그것은 오랜 역사를 거쳐 전통 속으로 침전되기도 한다. 그러나 상식의 세계는 그때 그 때의 지배세력의 이해관계에 따라 이렇게 혹은 저렇게 윤색되어진다. 지배 세력은 항상 상식의 세계의 당연성을 존중하고 크게 부각시킨다. 때로는 그 당연성을 신비한 것으로 추켜 오려서 감히 아무도 그것을 부정하거나 그것에 도전하지 못하게 한다. 그리하여 그 상식의 세계를 안정된 것으로 튼튼히 구축해 놓고 나서 그 속에 그들이 안주한다. 지배세력은 이렇게 상식의 세계를 주름잡는다. 그들은 곧 상식의 세계의 주인 노릇을 하게 된다. 지배세력이 득세하기 전부터 존재해 왔던 상식의 세계를 그들이 지배집단으로 등장하면서부터 일정한 방향으로 얼마쯤 고쳐 나간다. 그들의 기득권을 지키고 강화하는 방향으로 그것을 얼마쯤 손질하여 고친다. 고친 후에 그 세계를 방패삼아 그들의 특권을 계속 누리려고 한다. 이렇게 하여 상식의 세계는 그들을 보호해 주는 요새가 된다.

철학은 우리가 이제까지 너무나 당연히 받아들여 왔던 ‘상식’을 뒤집어 보는데서부터 시작된다. 사회적으로 옳다고 간주하는 것에 대해 의문을 던지며 비판을 제기하는 것이다. 철학적으로 사고하기 위해서는 사고의 경직성이나 획일성을 경계해야 한다. 바꿔 말하면 철학을 배우기 위해서는 "뻔한 건데 뭐", "다 그런건데 뭐"하는 생각을 버려야 한다. 여기서 당연한 것에 대해 왜라고 묻는 것은 비판적 태도라고 말한다. 결국 철학적 사고란 사물이나 현상에 대해 관심을 가지고 의문을 제기하며 비판을 행하는 활동이다.

2) 진실에 도달하기 위한 첫걸음

영화 처음에 설리반은 부우를 보고 공포에 떨지만, 시간이 지나감에 따라 자신이 가지고 있던 생각이 잘못되었다고 의심을 하게 된다. 그리고 그러한 의심의 과정을 거친 후에 설리반은 부우에게 다가가고 그럼으로써 아이를 만져도 아무런 일도 일어나지 않는다는 참된 진실을 깨닫게 된다. 이것을 통해서 우리가 어떠한 진실에 도달하기 위해서 가장 먼저 필요한 것은 '의심'이라는 것을 알 수 있다. 만약에 설리반이 자신의 생각대로만 행동하였다면 과연 아이들에 대한 잘못된 인식에서 벗어날 수 있었을까? 물론 우연을 통해서 진실을 알게 되었을 수도 있다. 하지만 그렇게 해서 진실을 알게 된다 하더라도 그것이 '의심'을 통해서 주체적으로 '진실'을 알게 되는 경우보다 훨씬 느리고 또 가능성도 적을 것이다.

영화 〈트루먼 쇼〉에서 트루먼은 자신의 주위의 환경에 대해 의심을 가지게 되는데 그런 의심이 하나둘씩 쌓이면서 결국에는 환경으로부터 탈출한다. TV 프로그램 제작자 크리스토프(에드 해리스)는 사상 최대의 쇼 몰래카메라를 기획한다. 5000대의 카메라로 한 사람의 사생활을 24시간 찍어서 몰래 전세계 사람들에게 생방송으로 방영하는 프로그램이다. 그 쇼의 주인공인 트루먼 버뱅크는 세상 빛을 보기도 전에 방송국에 입양된 7명의 아이 중 한명으로 다른 아이들보다 먼저 태어나는 바람에 지상 최대의 몰래카메라의 주인공으로서 선택되었다. 그가 젖을 떼고 이유식을 하는 모습, 최초로 아장아장 걷는 모습, 초등학교 등교하는 모습, 최초로 키스하는 모습부터 시작해서 그의 일거수일투족 모두가 비록 극

본은 존재하긴 하지만, 완벽한 100% 라이브 쇼로서 시청자들에게 제공된다.

그가 사는 집, 직장, 출근길에 신문사는 가게, 부인의 직장을 비롯해 그의 고향인 조그마한 씨헤이븐(SEA HAVEN) 섬 전체가 하나의 세트다. 그는 심한 바다 공포증이 있어서 배도 타지 못하고, 바다 위에 놓인 다리도 건너가지 못한다. 그 공포증 역시 그가 다른 곳으로 가려는 것을 막기 위해 조작되었다. 그의 어머니, 그의 부인, 그의 친구들, 그의 직장 동료, 그의 이웃 모두는 그에게는 소중한 사람일테지만, 실제로는 가짜에 불과하다.

100% 조작된 환경이라 할지라도, 사람이 하는 일이니 실수랄까, 헛점이 존재할 수밖에 없다. 출근길에 마른하늘에서 라이트가 하나 떨어지고, 라디오에 혼선이 생겨 여기저기 주파수를 맞춰보다가 그의 일거수일투족이 라디오에 나온다. 출근하던 길에 방송사고로 그를 향해 비추어지던 몰래카메라와 그의 일거수일투족이 감시되는 상황을 알게 된 것이다. 자신의 생활을 관조하며 무심코 지나쳐버린 주변 환경이 레일 위를 달리는 기차와 같이 반복되는 것일 뿐임을 발견한다.

하나씩 하나씩……. 쌓여만 가던 의문은 폭발해버리고, 결국 트루먼은 자신이 가장 두려워하는 바다를 통한 탈출을 시도한다. 그리고 그가 만나는 세상의 끝. 그가 지평선으로 늘 보아왔던 그곳은 초대형 돔 세트의 벽이다. 페인트로 그려놓은 하늘. 그리고 그는 바깥세상으로 향하는 출구를 찾아낸다. 30년간 그가 살아왔던 좁은 세계의 끝인 동시에 30년간 짜여진 각본 속에서 살아왔던 그에게는 그가 지금까지 두려워하며 살아왔던 바다보다도 더 뛰어넘기 어려운 존재였을 것이다.

3) 패러다임의 전환

20세기 대표적인 과학철학자인 쿤은 '패러다임'이라는 용어를 사용하여 정상과학을 정의하였다. 쿤은 〈과학혁명의 구조〉 제2판 후기에서 패러다임이 첫째, 과학공동체(scientific community)의 구성원들에 의해 공유되는 믿음, 가치, 기술 등을 지칭하며, 둘째, 이 같은 구성체 중 한 요소로서 다른 문제해결을 위한 모델과 범례(expamplar)로서 사용되는 구체적인 문제해결의 예를 지칭한다.[6] 정상 과학이란 하나 또는 그 이상의 과학적 업적에 확고한 기반을 둔 연구를 의미한다. 이들 업적은 일정 기간 동안 어떤 특정한 과학자 집단이 연구의 기초로 인정한 것들이다. 우선 이러한 업적은 끈질긴 신봉자 집단이 이와는 대립되는 자신들의 과학활동을 버리고 전례 없이 그것에 매혹될 만큼 탁월한 업적이다. 동시에 그 업적은 새로 구성된 연구 집단에게 여러 가지 문제들을 제시할 수 있을 만큼 개방적이다.

패러다임과 정상 과학은 매우 밀접한 관계를 지니는데, 정상 과학은 하나의 패러다임 안에서의 연구 활동을 뜻한다.[7] 그리고 공통된 패러다임에 기반을 둔 정상 과학의 연구자들은 그 과학연구에 있어서 동일한 원칙과 기준을 가지게 된다.

우리는 과학을 하면서 어떠한 관찰결과를 기존의 패러다임을 기준으로 해서 해석하게 된다. 하지만 도저히 기존 패러다임으로는 설명할 수

---

6) Kuhn, T.,(1970), The Structure of Scientific Revolutions, Chicago: University of Chicago Press. 조형 옮김, 이화여대출판부, p. 217.
7) 앞의 책, p. 28.

없는 관찰 결과가 발생할 수 있다. 이때 대부분의 과학자들은 자신들이 수행한 실험에 무언가 잘못이 있을 것이라고 생각하지 패러다임 자체가 잘못되었다고는 생각하지 않는다. 하지만 여러 군데에서 그러한 결과들이 발견되고 그것의 양이 기존의 패러다임을 뒤집어엎을 만큼 충분해졌을 때 소위 말하는 '과학혁명'이 일어난다. 이때에는 보다 더 관찰된 결과를 잘 설명할 수 있는 새로운 패러다임이 기존의 패러다임을 대체하게 된다. 8)

쿤이 제시한 패러다임과 그것의 전환을 통한 과학의 발전과정을 영화에 등장하는 몬스터들의 아이들에 대한 변화 과정에 비유해 보자. 영화 초반에 몬스터들은 당연히 아이들은 자신들에게 위험한 존재라고 생각한다. 이러한 생각이 몬스터 집단에서 서로 공유하고 있는 '패러다임'이다. 하지만 이러한 패러다임은 설리반이 아이를 만난 후 위기를 맞는다. 설리반이 처음 부우를 보았을 때 그는 자신의 패러다임을 기준으로 생각하여 아이를 두려워한다. 하지만 막상 아이와 접촉을 하였는데도 아무런 일도 일어나지 않는 것을 발견하게 되었고, 그래서 기존의 자신의 생각, 즉 '패러다임'을 의심하게 되었다. 새로운 사실을 알게 된 설리반은 이러한 사실을 몬스터들에게 알리려 한다. 하지만 아무도 그런 설리반의 말을 믿으려고 하지 않는다. 이러한 현상은 처음 새로운 패러다임을 제시한 과학자들이 정상과학자 집단에게서 받는 냉대와 비슷하다. 하지만 시간이 지남에 따라 아이와 접촉을 하게 된 몬스터의 수가 증가하고 그럼으로써 더욱 더 많은 몬스터들이 아이는 자신들에게 위험한 존재가 아니라는 사실을 깨닫게 된다. 이러한 생각이 몬스터들의 사회에서 충분히 많아진 후에는 바로 쿤이 과학에서 말한 것과 같은 '과학혁명'이 발

---

8) 앞의 책, p. 121.

생하게 된다. 이때 몬스터 사회에서는 아이에 대한 새로운 패러다임 '아이는 위험한 존재가 아니다'라는 생각이 자리 잡게 된다.

과학자들은 자신들의 실험을 통하여 얻어진 결과를 해석할 때 패러다임에 의존한다. 이때 자신들의 실험결과가 그 패러다임에 잘 들어맞으면 그들은 그것을 학계에 보고하고, 이러한 과정을 거쳐 정상 과학자들 집단에게서 인정을 받게 된다. 이러한 현상은 현재 과학자들 사회에서 일어나고 있는 일반적인 현상이다. 하지만 자신들의 실험결과가 기존의 패러다임과 안 맞게 되면 이때 대부분의 과학자들은 자신들의 실험에 무엇인가 잘못이 있거나 혹은 억지로라도 실험결과를 패러다임에 끼워 맞추려 한다. 그들에게서 패러다임이라는 것은 과학자들 사이의 임의적인 동의가 아니라 절대적인 진리이고 표준이다. 그러나 실제로 패러다임은 언제든지 잘못될 수 있는 임의적이고 상대적인 기준이다. 언제든지 그 패러다임에 반대되는 결과들이 나오면 그리고 좀 더 그러한 결과들을 설명할 수 있는 패러다임이 등장하면 사라질 수 있는 그런 성질의 것이다.

4) 몬스터 주식회사에 등장하는 문에 대한 생각

몬스터 주식회사에는 굉장히 많은 문들이 등장한다. 이 문은 전 세계에 살고 있는 아이들의 방으로 연결되는 문이다. 따라서 이 문은 몬스터 나라와 인간세상, 구체적으로 말해서 아이들의 방을 연결해 주는 통로이다. 하지만 몬스터들은 이 문을 마음대로 원하는 때에 드나들 수 있는 데 반해 아이들은 그렇지 못하다. 즉 문은 몬스터들에 의해서 일방적으로 이용되는 것이다. 하지만 일반적인 아이들과는 달리 부우라는 아이는 몬스터를 두려워하지 않고 그 문을 통해 몬스터 나라에 들어가게 된다.

이로 인해 주인공 설리반과 그 친구는 혼란에 빠지게 된다. 이 영화에서 보면 부우라는 아이를 통해서 몬스터 나라의 에너지를 얻는 방법이 바뀌게 된다. 즉, 설리반은 부우를 통해서 아이들이 몬스터들에게 위험한 존재가 아닐 뿐 아니라 자신들이 놀래키는 자신의 모습을 부우가 무서워한다는 사실을 통해 그 동안의 자신의 행동의 의미를 다시 한 번 생각해 보게 된다. 그 동안 아이들이라는 존재를 단지 자신의 나라의 에너지원으로 생각했었고 아이들을 놀래키는 일에 대해 전혀 죄책감을 느끼지 못했지만, 부우를 통해 아이들을 자신들과 동등한 대상으로 생각하게 되었다.

이 영화에서 문은 매우 중요한 역할을 하고 있다. 문을 통해서 두 주인공 설리반과 부우가 만나게 되고 그로 인해 설리반의 아이들에 대한 생각이 달라지게 된다. 부우가 문을 통해 몬스터 나라에 들어가기 전에는 문은 세상의 아이들에게 두려움의 대상이었을 것이다. 매일 밤 몬스터들이 나타나 자신들을 놀래키기 위해서 사용되는 것이 문이기 때문이다. 하지만 부우로 인해 몬스터들의 생각이 달라진 후, 문은 아이들에게 기다림의 대상이 되었다. 매일 밤 문을 통해 몬스터들이 나타나 자신들에게 웃음을 주기 때문이다.

영화 후반부에 수많은 문들이 정열되어 있는 장면이 나온다. 세계의 모든 아이들이 방으로 연결되는 문들이다. 얼핏 보기에는 다 같은 문으로 보이지만 각 문마다 일종의 아이덴티티가 부여되어 있다. 그것은 바로 번호인데 문들마다 번호가 있고 그 번호를 누르게 되면 선택된 문이 몬스터들의 앞에 도착하여 그 문을 통해 몬스터들이 아이들의 방으로 들어간다. 수많은 문들이 존재하지만 설리반과 부우를 연결해 주는 문은 단 하나다. 각 문은 오직 한 아이의 방으로만 연결되고 문마다 고유의 번호가 부여되어 있기 때문에 부우의 집으로 연결되는 문은 오직 하나다. 이 문을 통해서만이 설리반은 부우를 만날 수가 있는 것이다. 영화 후반에 설리반과 그 친구가 부우를 다시 집으로 돌려보내기 위해 그 문을 찾으려 노력하는 모습이 있다. 결국 문을 찾아 부우를 집으로 돌려보내고 문을 조각 내 부수어 버리는데 시간이 흐른 뒤 부우가 다시 보고 싶어진 설리반이 모아 두었던 그 문 조각을 짜 맞추어 부우의 방으로 들어가는 장면이 있다. 많은 문들 중에서 설리반에게 의미가 있는 문은 오직 하나 부우의 집으로 연결되는 문이다.

문은 한 공간과 다른 공간을 이어주는 역할을 한다. 우리는 문을 통해 한 공간으로부터 다른 공간으로 이동하기도 하지만 문을 걸어 잠금으로써 다른 사람의 이동을 막을 수도 있다. 이런 경우 문은 각기 다른 공간 안에 있는 사람들 간의 의사소통의 통로 기능을 한다. 몬스터 주식회사에서도 문은 몬스터와 아이들이 상호교류 내지 의사소통을 가능하게 하거나 막는 기능을 하고 있다. 그렇다면 우리는 우리 주위의 문을 어떤 방식으로 사용하는가 생각해 볼 일이다. 어떤 집의 문은 굳게 잠겨 있고 어떤 집의 문은 활짝 열려 있기도 한다.

〈내 친구의 집은 어디인가〉는 잘못 가져온 친구의 공책을 돌려주기 위해 친구의 집을 찾아가는 내용의 영화인데, 이 영화에는 길, 대문, 창문, 집 등 많은 상징들이 등장한다. 친구의 집을 찾기 위해 아마드는 수많은 문들을 엿보기도 하고 두들기기도 하고, 열고 들어가 보기도 한다. 〈내 친구의 집은 어디인가〉에서 감독은 집과 길과 문을 통해 인생과 삶을 이야기 하고 있는데, 평생 대문과 창문을 만들었다는 장인 할아버지와 아마드의 만남에서 이루어지는 대화는 영화에서 말하고자 하는 집과 문이 무엇인가를 은유적으로 회화적으로 말하고 있다. 아마드에게 있어서 '친구의 집'은 자신의 삶의 목표, 인생의 궁극적 목표, 즉 도달해야 할 어떤 지점으로서 또 다른 의미가 있는 것이다. 친구의 집으로 가기 위해서는 수많은 문들이 필요한데, 그런 문들을 하나하나 통과하며 아마드는 성숙해 간다. 이곳에서 만난 할아버지 또한 문을 만드는 기능공으로써 한 인생의 끝에 다다른, 인생의 완주자로써의 삶을 보여주게 된다.

제10장 미녀와 야수: 효사상과 페미니즘, 남녀의 사랑

1. 영화 소개

월트 디즈니는 1991년 〈미녀와 야수〉를 만들었다. 〈미녀와 야수〉는 완벽한 필름이라고 불렸으며 애니메이션 중에는 최초로 아카데미 어워드로 노미네이트되었으며, 세계영화 시장에서 3억 5천만 달러 이상의 수익을 올렸다.9)

저주의 마법에 걸려 흉칙한 외모와 왜곡된 정신을 갖게 된 사람이 아름답고 착한 이성의 도움과 사랑을 통해 본래의 모습을 되찾고, 결국에는 둘이서 행복하게 잘 살게 된다는 이야기는 동서양의 전래동화와 설화 안에서 자주 반복하여 등장하는 테마이다. 월트 디즈니의 〈미녀와 야수〉는 바로 이 같은 전래동화적 설화를 소재로 채택한 애니메이션이며, 세계적인 반향을 불러일으키며 흥행에 성공한 작품이다.

2. 줄거리

외진 시골 마을에 벨이라는 처녀가 홀아버지와 함께 살고 있다. 벨은 아름답지만 마을의 외톨이이며 책읽기에만 몰두한다. 그녀는 단조로운

---

9) Susan, S.,(1999), "Gothic drama in Disney's Beauty and the Beast", *Critical Studies in Mass Communication* 16, no. 3, sep. p. 350.

현재의 생활과는 전혀 다른 어떤 것을 동경하는 환상 속에 살아간다. 벨은 억센 체격과 보기 좋은 외모를 지닌 가스톤이라는 마을 청년의 집요한 구애와 청혼을 받는다. 마을의 모든 처녀가 가스톤을 흠모하지만, 벨은 가스톤의 오만불손함과 천박함 때문에 그를 경멸한다. 벨의 아버지 모리스는 집의 지하실에 틀어박혀 연구와 실험에 몰두하는 아마추어 발명가이다. 벨은 모리스를 천재라고 굳게 믿으며 정성껏 돌보지만, 마을 사람들은 그를 미친 늙은이로 취급하며 비웃는다.

　모리스는 실험제작에 성공한 장작 패는 기계를 박람회에 출품하기 위해 길을 떠난다. 숲속에서 길을 잃은 모리스는 늑대 떼의 습격을 받고 한 외딴 성안으로 피신한다. 그 성의 주인인 괴물짐승은 모리스를 성안의 감옥에 감금한다. 성의 주인인 괴물짐승은 사람의 겉모습만을 중시하며 오만하고 이기적인 마음을 지녔던 벌로 마법의 저주를 받은 불행한 왕자였다. 그 성의 모든 사물과 하인 시종들도 마법의 저주를 받아 변형 왜곡되어 있다. 벨은 모리스가 타고 갔던 말인 필립이 홀로 돌아오자, 필립을 타고 아버지를 찾아 나선다. 괴물의 성에 감금되어 있는 아버지를 찾아낸 벨은 병든 아버지 대신 스스로 괴물의 영원한 포로가 된다. 그러나 괴물의 독선과 노여움을 폭발시키는 불같은 성미에 질려버린 벨은 괴물과의 약속을 팽개치고 성을 뛰쳐나온다. 벨은 숲속에서 늑대 떼의 습격을 받아 위기에 빠진다. 그러자 괴물이 나타나 늑대 떼의 공격으로부터 벨을 구해낸 후 기진하여 쓰러진다. 벨은 괴물을 말에 싣고 성으로 돌아와 간호한다. 이 일을 계기로 괴물과 벨은 상대방을 이해하고 서로에게 적응하려는 노력을 시작하며 서로 호감을 갖게 된다. 벨을 진심으로 사랑하게 된 괴물은 벨이 아버지를 그리워하며 걱정하는 것을 보고 벨에게 자유를 주어 그녀를 떠나보낸다.

벨은 아버지와 재회하지만, 그녀를 억지로 차지하려는 가스톤은 벨이 아버지와 함께 있기 위해서라면 어떤 일도 감수할 것이라는 기대 속에 흉계를 꾸미고, 마을사람들을 선동하여 모리스를 정신병원에 가두려한다. 자기와 결혼해주면 아버지를 정신병원에 가두지 않겠다는 가스톤의 제의를 벨은 단호히 거절한다. 벨은 아버지 모리스가 허튼 소리를 한 것이 아니라는 것, 즉 그가 미치지 않았다는 것을 증명해 보이기 위해 마을사람들에게 괴물의 존재를 드러내 보인다. 벨과 괴물의 관계를 질투하게 된 가스톤은 벨과 모리스를 벨의 집 지하실에 가두고, 괴물을 죽이기 위해 마을사람들과 함께 성으로 몰려간다. 괴물의 성으로부터 몰래 숨어서 벨을 쫓아왔던 깨어진 찻잔이 기지를 발휘하여 - 모리스의 발명품이었던 장작패는 기계를 이용하여 - 지하실 문을 부수고 벨과 모리스를 지하실에서 탈출시킨다. 벨과 모리스도 사람들을 뒤쫓아 성으로 달려간다.

마을사람들과 성안의 집기들 (마법에 걸린 성의 시종과 하인들)은 일대 격전을 벌인다. 가스톤은 괴물을 찾아내어 그와 싸움을 걸지만, 벨이 떠난 후 삶의 의욕을 잃고 깊은 실의에 빠진 괴물은 가스톤에게 맞서지 않고 죽음을 기다릴 뿐이다. 가스톤이 저항하지 않는 괴물을 무자비하게 살해하려는 순간 벨이 나타나 절규한다. 벨을 본 괴물은 꿈에서 깨어난 듯 가스톤의 폭력에 대항하기 시작한다. 둘은 격렬하게 싸우고 결국 괴물이 승리한다. 괴물은 가스톤에게 자비를 베풀어 그의 목숨을 살려준다. 벨과 괴물이 재회의 기쁨을 나누려는 순간 가스톤은 괴물을 등 뒤에서 칼로 찌른 후 추락하여 죽는다. 죽어가는 괴물에게 벨은 자기가 좀 더 일찍 돌아왔어야 한다며 모든 것이 자기의 잘못이었다고 울부짖는다. 그러나 괴물은 이 모든 것이 잘된 일이라고 말한다. 눈감은 괴물을 끌어안고 벨이 울며 사랑을 고백한다. 그러자 마법의 저주를 푸는 신비로운 빛의 빗줄기가 쏟아져 내리며, 괴물이 본래의 늠름한 왕자로 변모하여 되

살아난다. 성의 모든 사물과 하인 시종도 마법의 저주에서 순식간에 풀려나 본래의 모습과 인간성을 되찾는다. 벨과 왕자는 모든 사람들의 축복을 받으며 행복하게 살게 된다.

3. 철학적 문제들

1) 효(孝)정신의 어제와 오늘

〈미녀와 야수〉는 1757년 프랑스의 보몽 부인(Madame de Meautmont, 1711-1780)이 런던에서 발행된 잡지 〈어린이 잡지〉에 발표한 작품이다. 1740년 빌르뇌브(Villeneuve)에 의해 쓰여진 것을 개작한 이 세련된 작품은 영국에서 가정교사로 일하고 있는 작가가 자신이 가르치는 젊은 여성들에게 예의범절과 교훈을 심어주기 위한 의도로 편집된 것이다. 그러므로 이 동화에는 역시 당대의 여성들에게 가해지는 18세기의 사회적 요구가 담겨있다. 보몽의 동화에서 가장 눈에 띄는 미녀의 미덕은 부모, 특히 아버지를 위해 자신의 삶을 포기하는 자기 부정과 희생이다. 야수가 자기 대신 어느 누구라도 희생물로 받겠다고 허락했다는 아버지의 이야기를 듣고 미녀는 "아버지를 위해 내 자신을 희생할 수 있어서 다행입니다. 내가 아버지를 구할 수 있고 아버지에 대한 나의 사랑을 입증할 수 있으니까요."[10]라고 선언한다.

효는 동서고금을 통해서 중요한 가치 중의 하나임에 분명하다. 형태가 다를지라도 부모와 자식 간의 예는 다양한 형태로 강조해 왔던 것이 우리들의 삶의 모습이다. 우리나라도 마찬가지이다. 〈효경〉 첫머리에 "무

---

10) Jeanne-Marie Leprince de Beautmont, "Beauty and the Beast" The Classic Fairy Tales, ed. Maria Tatar (New York: Norton 1998), p. 36.

릇 효는 덕의 근본이라."고 한 공자의 말씀을 인용하고 있는데, 이 말씀은 우리들 동양 사람들에게는 관념적인 설교로서가 아니라 모든 생활의 규범으로 지켜진 지 오래된 생활 철학이었다. 정치의 원리, 사회의 질서, 경제적인 생활이 모든 것들은 곧 '효'가 그 바탕을 이루고 있었다고 해도 과언은 아닐 것이다.

서양 윤리가 인간의 개인적인 자유와 평등으로부터 가치를 끌어온 개인 윤리이지만 동양의 윤리는 가족 윤리를 윤리의 근거로 삼은 공동 윤리였으며 효는 '백행지원'이라 하여 모든 윤리의 기초로 삼은 덕목이었다. 우리나라에서 불효를 저지르면 인간으로 사는데 가장 큰 낙인이 되었을 만큼, 효를 최고의 덕목으로 하여 윤리의 기본으로 삼아 왔다.

한국의 효 사상은 다른 어느 나라에서보다 각별하다 할 수 있다. 전통 사회에서 가장 기본적인 인간관계로 중요시된 것이 효였다. 일찍부터 우리 사회에 그러한 관계가 뿌리내리게 된 이유는 오랜 농경문화에서 오는 가족 단위의 생활 관습과 고려 이후부터 생활화된 유교 사상 덕분이다. 한민족이라는 끈끈한 결합력 속에서 우리 민족은 조상과 자신을 일체화시켰으며, 그러한 마음은 죽은 사람에 대한 후장이나 극진한 조상 숭배로, 그리고 살아계신 부모에 대한 지극한 공경으로 이어졌다.

우리의 고전 중에서 효(孝)를 주제로 한 것이라면 누구나 〈심청전〉을 떠올릴 것이다. 그만큼 심청의 효행은 한국 사람의 가슴 속 깊숙이 사무쳐 있다. 말하자면 한국에 있어서의 대표적인 효행의 표본처럼 되어 있기 때문이라 할 것이다. 그러나 '심청전'은 심청의 효성을 강조한 소설이지만 몸을 팔아 효도를 한다는 점에 문제가 있다.

심청이 생명을 버림으로써 심봉사가 눈을 떴다고 하자. 어떤 면에서 이것은 진정한 효가 아닐 수 있다. 심청의 죽음을 충격으로 받아들인 심봉사가 딸의 죽음을 애통해하며, 슬픔으로 나날을 보낸 나머지 생애를 불행하게 마칠 수도 있기 때문이다. 심봉사의 대사에서도 확연하게 드러나고 있다. "자식 죽이여 눈을 뜬들 그게 차마 할 일이냐"하고 …….

심청전의 시대적 배경인 조선시대 유교사회의 사람들은 심청을 지극한 효녀로 생각할 것이다. 왜냐하면 그 당시 효는 다분히 부모에 대한 희생적이고 절대적이라는 점을 알기 때문일 것이다. 그러나 현대에 사는 우리는 홀로 남은 눈 먼 아버지의 생애를 생각하지 않는 심청의 효를 지극하고도 희생적이라고는 할 수 있어도 죽음으로서 얻어지는 효를 반드시 참된 효라고는 말 할 수 없을 것이다. 효는 어디까지나 현실적 상황을 두고 그 상황에 맞는 현실적인 효가 값진 것이지 현실적인 상황을 무시한 관념적 추상적인 효 실천은 또 다른 문제를 발생할 수 있다.

만약 심청이가 달리 생각했다면 한평생 마음의 지팡이가 되어 아버지를 모실 수도 있었을 것이다. 그러나 심청이는 성급하게도 공양미 삼백석과 자신의 생명을 바꾼 것이다. 이것은 효라는 관념에 앞선 나머지 올바른 효도 실천방법을 생각지 못했기 때문이다. 따라서 심청이의 효가 정성스럽고 헌신적이고 도덕심의 극치라는 점 이외에 눈먼 아버지를 두고 생명을 버리는 맹목적이고 저돌적인 희생은 현대의 바람직한 효도가 아닐 수도 있음을 알아야 한다.

2) 새로운 여성상

디즈니사는 18세기 동화의 주인공을 다시 새롭게 각색하여 시장에 내놓았는데 가장 눈에 띠는 변화는 페미니즘에 입각한 새로운 해석이다.[11]

---

11) 심경석(2001), "월트 디즈니 만화영화 <인어공주>, <미녀와 야수>, <라이언 킹>의 정치성과 순진성", 『문학과 영상』, 2001년 가을, p. 167.

디즈니 영화 중에서도 미녀와 야수는 대중들에게 인기 있었던 작품인데 그러한 인기의 비결 중의 하나는 관객들이 이 영화를 보면서 자신들이 갖고 있는 지배적인 이데올로기를 타파하고 새로운 변형된 모델을 찾게 끔 하는 스토리를 보이고 있다는 점이다. 미녀와 야수는 벨이라는 인물을 내세워 페미니즘을 관객들에게 친숙하게 만드는데 일조를 하고 있다.

먼저 벨의 성격에 대해 알아보자. 미녀와 야수의 여자 주인공인 벨은 도전적이며 야심차고 현명한 여자로 등장한다. 그리고 그녀는 남성들의 욕망에 굴복하는 것이 아니라 자신의 의지대로 삶을 이끌어간다. 동화에서는 단순히 책을 좋아하는 것으로 그려져 있지만 영화에서 벨의 독서는 그녀를 다른 마을 사람과 구분하는 사회적 의미를 지닌다. 마을 사람들은 길을 가며 책을 읽는 그녀를 "우습고 멍한 그리고 들떠있는" 여성으로 간주하지만 벨은 스스로를 마을 사람보다 우월하며 덜 촌스럽다고 자부한다. 그녀는 마을을 가엾은 시골로 간주하며 단조로운 생활에서 벗어나고 싶은 강한 바람을 내비친다.

20세기 디즈니의 새로운 여성성을 보여주는 벨은 개스톤의 본질을 정확히 파악하고 있으며 젊은 세대의 진취적 특성을 보여준다. "난 이 지방 삶보다 더한 것을 원합니다. 더 넓은 곳에서 모험을 원합니다. 내가 말로 표현할 수 있는 것보다 그것을 더 원해요. 그들이 계획하는 것보다 더 많은 것을 원하는 나를 이해해 주는 사람을 만나는 일은 얼마나 굉장한 일인가요." 벨의 특징은 다른 것을 수용할 줄 아는 능력에 있다. 벨은 현재 상태보다 더 다양하고 더 넓은 세상을 향해 나아가는 여성상으로 등장한다. 가령 개스톤의 억지 청혼이 있은 후 벨이 노래를 부르며 들녘으로 뛰어가는 장면이 있다. 그 때 벨은 "나는 어딘가 넓은 세상으로 모험을 하고 싶어……. / 나는 남들이 틀을 짜놓은 이 세상보다 훨씬 더 많은 것을 원해."라고 노래한다.

지적이며 도전적인 벨의 모습은 그녀가 즐기는 독서와 밀접한 관련이 있다. 그리고 이러한 독서는 그녀로 하여금 시골의 제한된 삶에서 벗어나 여행을 시도하도록 고무한다. 영화 도입 부분에서 개스톤이 벨을 쫓아가며 치근대는 장면에서 개스톤은 벨의 책을 빼앗는다. 이 때 책을 돌려달라는 벨의 말에 아랑곳하지 않고 개스톤은 "아니, 어떻게 이런 책을 읽을 수가 있어? 그림도 하나 없는 책을 말야!"라고 말한다. 그 때 벨은 "홍, 어떤 사람들은 자신의 상상력을 사용하지."라고 대꾸한다. 그리고 야수가 벨에게 도서관과 그곳에 있는 책들을 특별한 선물로 주는 장면이 있다. 벨이 감았던 눈을 떴을 때 카메라 앵글은 벨의 놀란 모습에서 벽의 서가를 따라 도서관의 넓은 천장까지 비춘다. 벨은 자기가 원하던 바로 그 세계에 들어온 것이다. 벨에게 도서관은 하나의 우주 같다고 할 수 있다.

다음으로 벨과 야수, 벨과 개스톤의 관계를 살펴보자. 미녀와 야수에서 벨과 왕자는 아름다운 사랑을 이루었고 착하고 진실한 마음을 가진 사람은 승리한다는 고전적 동화를 이어가고 있다. 벨이 사랑을 이루고 대상을 성취하는 과정에서 누가 진정한 주체인가를 살펴보면, 여성인 벨은 주는 역할을 하고 남성인 야수는 받는 역할을 하고 있다. 처음 아버지의 위기로 인해 벨이 성으로 갔을 때조차도 벨과 야수의 관계는 벨을 중심으로 이루어진다. 예쁜 옷과 식사를 거절하면서 그녀의 의지는 확고해 보인다. 그것은 야수로서는 선택의 여지가 없는 상황에서 벨만이 야수를 마법에서 구해낼 수 있는 존재이기 때문이다.

벨에게 열렬히 구혼하는 개스톤은 마치 80년대 람보를 연상시키는 남성상을 보인다. 베트남 전쟁으로 패배한 미국인의 추락한 자존심을 회복시키려는 람보 같은 인물은 단신으로 베트남에 남아있는 미군포로를 구출하거나 소련군을 응징하는 우람한 근육질의 남성이다. 영화에서 개스톤은 람보처럼 대단한 사냥꾼이며 단단한 체구를 지녔다. 그러나 이제 90년대에는 람보 같은 남자는 이상적인 남성상이 아니다. 벨은 다른 멍청한 미인과는 달리 개스톤의 이런 매력에 전혀 동요하지 않는 유일한 여성이다. 미녀의 책읽기에 대해 개스톤은 이렇게 조롱한다. "책에서 머리를 들고 나처럼 더 중요한 것에 관심을 둘 때야! 여자가 책을 읽는 것은 옳지 않아. 책을 읽으면 머릿속에 무엇이 들어가게 되고 딴 생각을 하게 되지." 책을 진흙에 던진 후 발로 밟는 개스톤의 거칠고 우둔함은 벨의 현명함과 대조된다. 개스톤은 여성교육에 대한 부정적 견해를 드러내며 벨이 자신의 귀여운 아내가 되어 사냥하는 동안 아이를 돌보며 요리와 청소하기를 기대한다. 개스톤의 노래는 자기 탐닉에 빠져있는 그의 모습을 뚜렷하게 보여주며, 영리하고 재빠르며 다른 이들을 지배하며 위협하는 우람한 체격의 남성을 이상화한다. 그러나 이런 이상적 남성은 영화에서 가장 부성적인 인물인 개스톤을 통해 나다나므로 결코 이상적 모습이 아니라는 것을 보여준다. 개스톤은 철저하게 자기중심적 사고와 행동을 하고 있다. 개스톤은 벨을 아내로 삼기 위해 아버지 모리스를 정신병원에 감금하려 하며 마을 사람을 선동하여 야수를 죽이려고 한다. 폭력적이며 교활한 개스톤은 가장 저주받은 야수가 되어 버린다.

백인우월주의, 가부장적인 태도, 청교도적인 사상은 언제나 디즈니 작품 속에 등장한다. 작품 속에 보여지는 선한 사람들은 대부분 흰 얼굴색에 금빛의 머리를 하고 있으며 주인공의 아버지가 강력한 권력을 행세한다. 이에 반해 악한 사람들은 매우 어두운 색의 얼굴이며 금빛이 아닌 검은 빛의 머리색을 갖고 있다. 디즈니 작품에 대한 대부분의 비평가들은 디즈니사의 정형화된 성차별뿐만 아니라 보이지 않는 인종차별, 남성

중심 그리고 정형화된 동성애 혐오증에 대해 반대하여 왔다. 디즈니에서 보여지는 여성들은 수동적으로 학대당하고 그들이 잘 알지 못하는 잘생긴 왕자로부터의 구출되며 그리고 그 왕자와 결혼한다. 〈백설공주〉, 〈신데렐라〉, 〈잠자는 숲속의 미녀〉가 모두 이런 패턴의 이야기이다. 〈알라딘〉과 〈인어공주〉도 여기서 거의 발전한 것이 없다. 그러나 〈미녀와 야수〉에서는 다른 작품과는 무엇인가 차별성이 존재한다. 영화 잡지인 『프리미어』는 〈미녀와 야수〉를 1990년대 최고의 작품 10개 중에 하나로 선정하였다. 그리고 쇼월터(E. Showalter)는 〈미녀와 야수〉를 "디즈니 첫 번째 페미니스트 영화이며 90년대의 자유로운 사랑이야기"라고 호평하였다.[12] 평론가들은 벨이 디즈니 역사상 가장 독립심이 강한 여주인공이라고 말한다. 벨은 멋있는 남자와 결혼한다든가 행복한 가정을 이룬다든가 하는 전통적 관심에서 벗어나 있다.

3) 벨과 야수의 사랑

벨과 야수의 만남은 갈등과 충돌로 시작한다.[13] 벨이 아버지 대신 야수의 성에 갇히면서 야수에게 처음 한 말은 "아버지에게 작별인사 한마디도 못했다"는 불평이었다. 첫날 저녁 벨을 만찬에 초대했으나 거절당하자 야수가 "그녀는 너무 까다로워"라는 말 역시 두 사람의 만남이 갈등으로 시작하고 있음을 보여주고 있다. 그런데 미녀와 야수에서는 외부의 적을 물리쳐서 마법을 푸는 것이 아니라 주인공 자신이 사랑의 마음으로 자신의 이기심을 극복함으로써 문제를 해결한다.

갈등으로 시작한 두 사람 사이의 관계는 한 가지 사건으로 화해와 상

---

12) E. Showalter(1997), "Disney meets feminism in a liberated love story the '90s," *Premiere: The movie magazine*, 71(2), 1997, Oct., p.63.
13)김용석 지음(2000), 『미녀와 야수, 그리고 인간』, 푸른숲. p. 35.

호 이해의 관계로 전진되어 결국 사랑하는 사이로 발전한다. 벨이 금지된 서쪽 탑을 찾아갔기 때문에 야수는 화가 치밀어 매우 광폭해진다. 그 바람에 벨은 놀라서 자신의 말을 타고 도망치듯 성을 빠져 나오지만 숲 속에서 사나운 늑대 떼의 공격을 받게 된다. 야수는 도망친 벨을 쫓아가다 위험에 빠진 그녀를 발견한다. 야수는 늑대 떼와 싸우게 되고 그들을 물리친 후 자신은 기진맥진하여 쓰러진다. 벨은 쓰러진 야수를 그대로 두고 계속 도망칠 수는 없음을 느끼고 부상을 입고 기절한 야수를 말에 태워 마법의 성으로 다시 돌아온다. 그러고는 야수의 상처를 치료한다.

이런 상황에서 두 사람은 서로 다투게 된다. 야수는 그녀가 도망치지 않았더라면 이런 일은 일어나지 않았을 것이라고 말하자 벨은 야수가 자신을 놀라게 하지 않았더라면 자신이 도망치지 않았을 것이라고 대꾸한다. 그러자 야수는 그녀가 금지령을 어기고 서쪽 탑에 갔기 때문이라고 소리치지만 벨은 야수에게 자기감정을 통제하는 법을 배우라고 맞대꾸한다. 이 말에 야수는 움찔하게 되고 이제 벨은 부드러운 목소리로 어쨌든 자신의 생명을 구해주어서 고맙다고 한다. 이때 야수는 "천만에"라고 대답한다.

야수는 새로운 지평을 위해 한 걸음 더 나아간다. 그것은 둘 사이의 관계가 점점 가까워져서 야수가 벨을 사랑할 줄 알게 되고 그 사랑의 마음이 절정에 이르렀을 때 이루어진다. 늑대 공격사건이 있은 후 야수는 조금씩 인간관계에 대해서 배우게 된다. 그것은 단순히 사랑에 빠지는 것이 아니라 처음 요정이 왕자에게 마법을 걸 때 기대했던 것처럼 사랑하기를 배워가는 것이다. 벨 역시 거칠고 무서웠던 야수가 변해감에 따라 그에 대해서 뭔가 새로운 것을 느끼게 된다. 그것은 아직 사랑의 마음은 아니다 그녀가 전에는 볼 수 없었던 야수의 다른 점일 뿐이다 그리고 그 무섭던 마법의 성에서 지내는 것에서 즐거움을 느끼게 된다.

마침내 야수는 신하들의 격려와 자극 덕에 벨에 대한 자신의 사랑을 고백하려고 멋진 저녁 파티를 준비하게 된다. 낭만적인 분위기와 음악 속에서 벨과 함께 근사한 만찬을 즐기고 그녀와 감동적인 춤까지 추게 된 야수는 별과 달이 환하게 비추는 발코니에서 사랑을 고백하려고 먼저 그녀에게 성에서 그와 함께 지내는 것이 좋냐고 묻는다. 물론 벨은 그렇다고 대답한다. 하지만 그녀의 얼굴 한 구석에 어둠이 드리우며 아버지 모리스를 걱정한다. 그리고 단 한번만이라도 아버지를 보았으면 한다고 말한다.

이때 야수는 마법의 거울을 생각해내고는 좋은 방법이 있다고 한다. 그 거울을 통해서는 무엇이든지 원하는 것을 볼 수 있다. 하지만 벨이 거울을 통해 본 아버지는 병들고 지쳐서 눈보라 치는 숲 곳에 쓰러져 있었다. 벨은 무척 놀라고 괴로워한다. 야수는 참을 수 없을 만큼 고통스러운 일이었지만 큰 용기를 갖고 그녀를 보내준다. 야수는 그녀에게 성을 떠날 수 있는 자유를 준다.

벨이 성으로 돌아오자, 벨과 야수는 그들의 새로운 관계를 생각해 본다. 그들이 눈 속에서 함께 노는 장면은 야수와 벨이 갈등을 풀기 위해 무엇이 필요한가를 보여준다. 벨은 자신의 통찰이 완전히 발전되지 않았다는 것을 깨닫게 된다. "그에게 무언가 있다. 그것은 단지 내가 못 볼 뿐이다……. 그에게는 부드럽고 친절한 면이 있다."

야수는 아버지 대신 포로가 되겠다는 벨의 선택을 보고 감동을 받을 정도로 지각이 있는 존재이며 뒤에 그녀를 구해 주고는 자신이 고상한 행동을 했다는 것을 알게 된다. 야수는 자신도 사랑받을 만한 존재라는 단서를 벨로부터 알게 된다. "그녀는 이렇게 쳐다봤어. 그리고 우리가 접촉했을 때 그녀는 내 발을 보고 떨지 않았어.", "그러나 그녀는 전에는 나를 그렇게 바라 본 적이 없어." 벨이 자신의 내면세계를 보려고 하는 의지와 야수의 사랑에 대한 열정이 만난 것이다.

벨도 야수에 대한 자신의 판단이 맞으며 그의 짐승 같은 외모에도 불구하고 그를 사랑하는지 생각할 시간과 거리가 필요했다. 바로 그 때 그녀는 자유의 몸이 된다. 마지막 장면에서 벨은 죽어가는 야수 옆에 무릎 꿇고 자신이 얼마나 변하게 됐는지를 알게 되며 다음과 같이 말한다. "당신이 얼마나 변화시켰는지 모르나요? 내가 결국 어떻게 알게 됐는지 신기해요." 미녀와 야수는 서로를 매개로 해서 변화를 하게 된 것이다.

벨과 야수는 서로 의지하고 도와주는 인간관계를 배우게 된 것이다. 우리는 자기중심적인 수준에 머무르는 이기적 미성숙으로부터 상대방에게로 시선을 돌리는 것을 배워야 한다. 〈미녀와 야수〉는 남성과 여성 양쪽이 모두 그들의 개성을 밝히고 서로에게 건너가 함께 관계를 만들어 가는 모습을 보여주고 있다.

제11장 이집트 왕자: 종교의 문제

1. 영화소개

〈이집트 왕자〉는 애니메이션에 있어서 월트 디즈니사와 쌍벽을 이루는 드림웍스의 작품이다. 이제까지의 어떤 애니메이션보다도 더 감동적인 스펙터클과 생애 최고의 어드벤처를 보여 주는 영화이다. 컴퓨터 그래픽에 스페셜 이펙트처리 화면이 특색이며, 98년 아카데미 영화 주제가상을 수상한 작품이다. 성경에 나오는 모세가 이집트 왕자가 되어 진짜 이집트 왕자인 람세스와 벌이는 대서사극으로 거짓은 둘을 형제로 만들고 진실은 둘을 원수로 만들었다. 모세와 람세스는 형제로서 서로 사랑하지만 더 이상 형제의 관계를 유지할 수 없는 갈등을 가지고 있다. 또 그들은 형제로서 마음속으로 서로에 대한 배려를 하지만, 각 민족을 대표하여 서로에게 원수가 되어야 하는, 태어나면서부터 엇갈린 운명을 가진 두 사나이에 대한 이야기이다.

이 영화에서 빼 놓을 수 없는 것이 음악이다. 첫 장면부터 오페라를 연상시키는 듯한 음악으로 시작해 중간 중간 중요한 대화를 뮤지컬처럼 음악으로 처리함으로써 관객으로 하여금 영화에 더욱 몰입하게 만들고 흥겹게 만든다. 그리고 이집트 왕국을 나서는 장면이나 홍해를 건너고 나서 안도하는 장면에서 웅장한 느낌의 합창이 나오는데 이런 연출은 흔히 뮤지컬에서 볼 수 있는 것으로, 실사영화에서는 시도하기 힘든 애니메이션만의 독특한 맛이라고 할 수 있다.

2. 줄거리

히브리인 여자가 그녀의 갓난아이를 바구니에 넣어 나일강에 띄우면서 "나의 아들아 내가 너에게 줄 수 있는 건 없지만, 이것이 네가 살 길이란다"라고 말한다. 그의 누나 미리암은 그가 안전하게 가는지 강을 따라가고, 바구니는 강을 따라 왕궁에 닿아 그곳의 여왕의 눈에 띄게 된다. 여왕은 어린 아들과 함께 바구니에 다가가 아기를 꺼내어 모세라 이름 짓고 자신의 아들로 삼는다.

모세는 왕궁에서 자신의 형이라고 믿는 람세스와 함께 왕자로 성장한다. 이 두 형제는 매우 친하고 사이좋게 놀면서 자란다. 어느 날 모세는 파티에서 선물을 받은 미디안 처녀 모세가 방으로 돌아온 밤, 그는 십보라가 도망간 것을 발견한다. 고집 센 여자였던 십보라를 쫓는 모세는 히브리인들이 살고 있는 고센땅을 거쳐 그의 친남매 미리암과 아론을 우연히 만나게 된다. 모세는 그들을 돕게 되고, 미리암은 모세에게 모세가 원래 히브리인임을 가르쳐주고, 충격을 받은 모세는 그들의 말을 믿지 않고 궁으로 돌아온다. 그날 밤 모세는 히브리인들이 여러 해 전에 새로 태어난 아기들이 학살당하는 악몽을 꾼다. 그러던 어느 날 모세는 히브리 노예가 학대받는 곳을 보고 실수로 건설감독을 떠밀어 죽인다. 자신의 성장 배경과 예기치 않은 살인으로 충격을 받은 모세는 궁궐에서의 생활을 버리고 사막으로 나간다. 그는 모래 폭풍으로 사막에 갇히지만 미디안 마을 사람들에게 구출되어 십보라와 그녀의 가족과 생활한다. 십보라의 아버지인 제드로와 미디안 족장은 그를 환영하고, 여러 해가 지나고 모세와 십보라는 사랑에 빠져 결혼하고 양을 치면서 살아간다. 어느 날 모세는 말을 안듣는 양을 찾다가 이 세상의 것 같지 않은 장면을 보게 되는데, 덤불을 타고 있지만 타들어가지 않는 것이었다. 놀라는 모세에게 하나님의 음성이 들린다. 이집트로 돌아가서 히브리인들을 구해 내라고 한다.

목적의식을 갖게 된 모세는 파라오 세티가 죽고 람세스가 파라오가 된 이집트로 돌아간다. 람세스는 동생이 돌아왔다며 매우 기뻐한다. 그러나 모세가 람세스에게 히브리 노예들을 풀어달라고 하자 람세스는 믿지 않고 경멸한다. 모세가 하나님의 기적을 보여주지만 람세스는 놀라지 않는다. 람세스는 노역을 배가시켜 모세의 요청을 거절한다. 미리암의 지도로 모세는 람세스에게 호소할 용기를 얻지만 람세스는 나일강이 피로 변하는 것을 보기 전에는 믿지 못하겠다며 거절한다.

마지막으로 모세는 람세스에게 하나님이 내리시는 재앙이 전국에 퍼질 것이라고 경고한다. 이집트인들이 질병과 기아, 페스트로 점점 더 고통을 받는데도 람세스는 포기하지 않는다. 그날 밤 하나님은 모세에게 마지막 재앙을 내리겠다고 경고한다. 무시무시한 재앙을 안 모세는 람세스에게 마지막으로 히브리인들을 풀어달라고 한다. 람세스는 또 거절한다. 그날 밤 천사가 람세스의 아들을 포함한 이집트인들의 장자를 데리고 간다. 모세는 이 마지막 재앙에 크게 슬퍼하지만, 람세스는 그런 그의 동정을 받아들이지 않고 너의 민족을 데리고 가라고 한다.

모세는 히브리인들을 이끌고 나가는데 홍해에 닿았을 때 이집트 군대가 멀리서 쫓아온다. 모세는 하나님에게 도움을 청하자 바다에서 불기둥이 일어나 히브리인들에게 다가오는 군대를 막는다. 모세는 다시 한 번 하나님의 힘을 청하며 지팡이를 물에 닿게 하자 갑자기 홍해가 두 개로 갈라지며 두 개의 물기둥을 만든다. 히브리인들은 물기둥을 지나갈 때 람세스는 그의 군대에게 그들을 쫓으라고 명령한다. 그러나 곧 물이 합쳐져 이집트 군대가 물에 빠지게 되었다. 모세와 히브리인들은 홍해를 거쳐 안전하게 저쪽 편으로 건너가 자유롭게 되었다.

3. 철학적 문제들

영화 서두에도 '원전은 출애굽기이며, 성경의 핵심적 내용과 본질 및 가치에 입각했다'고 분명히 밝히고 있지만, 성경과는 동떨어진 내용들이 담겨있는 것은 사실이다. 성경의 모세이야기를 주제로 출애굽기의 대서사극을 만화영화로 각색한 〈이집트의 왕자〉는 디즈니의 전형적인 관객들에게보다는 좀 더 나이든 성숙한 관객들을 겨냥했음이 틀림없어 보인다. 이집트 왕자는 예술적, 역사적 배경 등 많은 부분을 성경을 기초로 하여 무려 3년이라는 시간이 걸려서 제작되었다.

다음은 〈이집트왕자〉를 본 대학생 3명이 다섯 가지 문제에 대해 실제로 토론한 것을 정리한 것이다.14)

1) 인간의 존엄성

영화의 첫 장면은 노예들의 힘겨운 노동으로 시작한다. 채찍을 맞으며 벽돌을 짊어지고 나르며 진흙을 다진다. 한 히브리 여인은 급박하게 자신의 아이를 바구니에 넣어 강물에 띄워 보낸다. 지배국인 이집트에서 히브리인들의 인구증가에 따른 세력 확장을 두려워하여 그들의 아기를 잡아 죽이려 하기 때문이다. 똑같은 인간임에도 불구하고 화려한 궁 안

---

14) 본 토론에 참여한 학생은 한국과학기술원 박종민, 백지선, 조희영 학생이다.

에 사는 지배계층과 그 풍요를 위해 인간의 존엄성이 무시된 삶을 사는 노예계층을 볼 수 있다. 이로부터 인간의 존엄성에 대해 이야기 해보자.

[갑] 일단 노예제도 자체는 있어서는 안 된다고 본다. 어떻게 같은 인간이 인간을 지배할 수 있는가? 인간들 내에서 한쪽은 지배계층이 되고 한쪽은 피 지배계층이 되어 완전히 존엄성이 무시된 체 마치 가축과 같은 대우를 받는다는 것은 있을 수 없는 일이다. 그리고 특히나 세티왕이 이집트의 세력 유지를 위해 히브리인들의 아기를 악어 밥으로 던지는 행동은, 노예라는 이유로 생명조차 보장받지 못하는 상황이어서, 어이가 없다. 그러고도 그는 "그들은 단지 노예였을 뿐이야"라고 말하며 자신의 행동을 합리화시키고 있다. 이는 나치들이 유태인 학살을 합리화시키는 것과 같다. 어떠한 경우나 이유에서라도 인간의 존엄성이 무시되어서는 안 된다.

[을] 세티왕의 그런 행동은 인간의 존엄성이 배제된 행동이었던 것은 사실이다. 그러나 그것은 인간이 집단생활을 하고 조직사회를 만들어 문화권을 형성해오면서부터 있어왔던 일이다. 지금도 역시 사회는 지배계층과 피지배 계층으로 나뉘어져 각각의 역할을 하면서 발전해가고 있다. 결국 이집트가 찬란한 건축문명을 이룰 수 있었던 것은 노예들의 노동력 덕분이었다. 즉 사회가 나아가고 문명이 발전할 수 있는 원동력은 지배층와 피지배층의 적절한 조화가 있었기 때문이다. 인간의 존엄성이 완전히 보장받지 못했지만, 전체적 발전을 이룰 수 있었다. 결국 이런 지배체제는 없을 수 없는 필요악과 같은 존재이다.

[병] 갑의 논점과 같이 노예제도로 인해 인간의 존엄성이 침해 받는 일은 있어서는 안 된다고 생각한다. 인간은 누구나 평등하다는 관점에서 볼 때 태어날 때의 신분차이에 의해 평생 동안 자신의 의지와 관계없이

명령에 복종하는 것은 너무나도 불합리한 일이다. 노예제도로 인해 문명이 발전할 수 있었다는 것은 이치에 맞지 않는 주장이다. 문명이 발달한 현재 노예제도가 없는 것은, 단지 인간의 존엄성이 존중되어야 된다는 원칙에 의한 것이라기보다는, 노예제도가 아닌 다른 제도로 인해 더욱 효율적으로 생산할 수 있는 제도를 찾았기 때문이라고 생각한다. 그러니 노예제도가 없었더라도 더욱 생산성이 뛰어난 방법으로 문명을 발달시킬 수 있을 것이라고 생각하기 때문에 필요악이라는 생각에 동의할 수 없다. 그리고 노예제도는 지배계급이 노예들을 착취하고 단순히 노동을 시키는 것으로도 생각할 수 있다. 그러나 그것을 지배계급이 피지배층을 외부의 위험으로부터 보호하고 피지배층은 그것에 대한 대가로 노동력을 제공하는 것으로 본다면 현재의 국가 개념과 비슷하게 볼 수 있다. 세금을 내지 못해 감옥에 가는 사람은 영화에 나오는 일을 제대로 못해 채찍을 맞는 사람과 비슷하다고 볼 수 있는 것이다. 그렇다면 결국 노예제도는 현재의 국가 개념이 발전하기 이전 모습이라고 볼 수 있지 않을까?

2) 인간의 실존성

자신이 이집트 왕자가 아닌 히브리인이라는 것을 우연히 알게 된 모세는 방황을 하게 된다. 이때까지 자신이 알고 믿었던 모든 것이 거짓이었던 것이다. 그가 사랑했던 안락한 침대, 대리석이 깔린 바닥, 그의 가족들, 권력을 가진 자신의 지위, 이 모든 것이 자신의 것이 아니었다. 모세의 실제 신분은 노동과 배고픔으로 찌든 노예인 히브리인이었던 것이다. 그 때부터 모세의 눈에는 고통 받고 있는 그의 백성들의 모습이 들어오기 시작하고 이때까지 자신의 현실과 히브리인들의 삶과의 괴리감으로, 실존에 대한 혼란을 겪게 된 것이다.

을) 모세의 그 방황하는 심리를 이해할 수 있다. 모세는 왕자의 위치에서 노예의 자식이라는 지위의 급하강으로 인해 더욱 더 자신의 실존을 의심하고 혼란을 겪는다. 만일 노예의 삶을 살다가 왕자의 위치로 바뀌었다면 과연 그가 그처럼 혼란을 겪고 힘들어 했을까? 자신의 실존에 대해 그처럼 방황도 겪지 않았을 것이다.

갑) 모세가 방황했던 것은 그의 신분이 하강했기 때문이 아니다. 그는 이제까지 하나님의 존재에 대해 인식하지 않고 살아왔다. 그러나 그의 누이로부터 "하나님이 너를 이곳으로 보내신 거야"라는 말을 듣고 자신의 신분을 깨달음으로 해서 자신의 삶 속에 프로듀서가 등장하게 된 것이다. 그렇게 해서 모세는 〈트루먼쇼〉의 트루먼과 같은 혼란을 겪는다. 그러나 트루먼과 다른 점은 모세는 왕과 형의 말을 부정하고 프로듀서인 하나님께서 인도해주신 삶을 선택해 살게 된다. 즉 모세는 자신의 실존을 하나님 안에서 발견하게 된 것이다.

병)모세가 우연한 계기로 자신의 출생비밀을 알게 되고 고통스러워하는 데 그 원인이 급작스런 신분의 변화나 실존성의 상실은 아니라고 생각한다. 파라오가 친아버지가 아님을 알았어도 부모님과 형은 자신을 그 전과 똑같이 대우해 주었으므로 신분의 변화는 전혀 없었다. 모세가 힘들어 한 것은 파라오가 아기들을 모두 죽인 것을 알고 나서 권력층에 대한 회의를 느끼기 시작했으며 이때부터 핍박받는 노예들의 삶을 깨달았기 때문이다. 여기에 자신 또한 똑같이 핍박받을 수 있었던 히브리인이라는 사실이 더해짐으로써 혼란이 가중된 것이다. 그러다 우연히 살인을 하게 되고 이집트에서 도망가게 된다. 을의 말처럼 자신의 신분을 깨달음으로 하나님의 존재에 대한 인식으로 고통을 받게 된 것은 아니라는 얘기다. 즉 이때까지 없었던 하나님에 대한 믿음이나 존재에 대한 인식이 갑자기 생겼다는 것은 억측이라고 볼 수 있는 것이다. 뒤의 이야기와 결부시켜 보면 모세가 힘들었던 것은 지배계층에 대한 회의가 들었기 때문이고 그래서 나중에 그 권력에 대항하게 되는 것이다.

3) 인생의 가치와 그 발견

방황하던 모세는 미디안 광야에 도달한다. 그곳에서 족장에게 고맙다는 말을 들은 모세는 "저는 이때까지 존경받을 일을 해 본 적이 없습니다."라고 말하며 자신의 모습을 부끄러워한다. 그 말을 듣고 족장은 그를 위해 이런 내용의 노래를 불러준다. "산 위의 돌과 산 아래의 돌의 가치를 누가 정하는가? 하늘에서 하나님이 보시기에는 다 같은 것을, 인간의 눈으로 보는 것은 진실이 아니다. 하나님의 눈으로 봐야지 진실된 가치를 알 수 있다." 그렇다면 인생의 가치는 어디에서 나오는 것일까? 그리고 그것은 어떻게 발견할 수 있을까?

갑) 하나님의 눈으로 봐야 진실 된 가치를 알 수 있다는 족장의 노래는 무척 인상적이었다. 모세는 현재까지의 모습만을 보고 자신을 아주 가치 없고 부끄러운 인물이라고 스스로 판단했다. 그러나 하나님의 입장에서는 히브리 민족을 이집트에서 구원해 낼 임무를 띤 아주 중요한 인물이었다. 그의 참 가치는 "하나님의 눈으로 볼 때" 알 수 있는 것이었다. 우리 인간은 자신이 하나님의 계획안에서 어떻게 쓰임 받을지를 알지 못하지만, 하나님의 자녀들은 그 존재 가치만으로도 가치가 있으며 엄청난 일을 할 수 있다.

을) 모세는 왕자의 지위로 태어나 지배체제에 대해 잘 알고 있었다. 즉 그는 지도자로서의 잠재적 능력을 가지고 있었던 것이다. 그러나 그런 자신의 능력을 깨닫지 못하고 자신을 평가절하 했던 것이다. 모세의 가치는 그가 하나님의 계획안에 있어서가 아니라 자신이 인간으로서 가지고 있는 표출되지 못한 재능과 리더쉽 때문이다.

향수비누 이야기가 있다. 몇 년 동안 옷장 서랍에만 들어있던 향수비누는 "한 번도 쓰이지 못한 나는 비누로서 가치가 없어." 라며 슬퍼하며 스스로 서랍 속을 나와 양변기 속에 자신을 빠뜨리려고 한다. 이때 그 향수비누를 발견한 주인은 소중하게 비누를 주우며 "엄마, 이거 내가 사랑하는 사람한테 받은 거라서 꺼내지 말라고 했잖아."라고 말한다. 그제서야 향수비누는 자신의 참 가치를 깨닫게 된 것이다.

이처럼 인생의 가치가 하나님에 의해서 있는 것이 아니라 그 존재 자체에 있는 것이다. 인간 모두가 각자의 능력과 존재로부터 그 가치를 지니고 있다.

병) 마찬가지로 인간의 가치는 인간 그 자체로서 존재한다고 생각한다. 하나님의 자녀늘은 그 존재 자체로만 가치가 있다는 기독교적인 입장은 조금 다른 관점에서 생각해야 한다고 본다. 기독교를 믿는 사람으로서 하나님 안에서의 가치는 물론 믿는 자체로 생기는 것이라고 해도 그것이 종교를 가지지 않은 사람이 말하는 인간의 가치와는 다른 개념이라는 생각이다. 인간은 모두 똑같은 가치를 가지고 하나님을 믿는 사람들은 그 속에도 그들만의 또 다른 가치를 가지는 것이다. 물론 이 말조차 기독교인들의 반박을 살지도 모르겠다.

그렇다면 인생의 가치는 어떻게 발견될 수 있을까? 이에 대해서도 다양한 견해가 있다.

갑)모세는 어느 날 양을 찾다가 떨기나무의 신비한 불가에서 이집트로 돌아가서 히브리인들을 구해내라는 하나님의 음성을 듣는다. 그제서야 자신의 가치를 발견하게 된 모세는 기쁨을 감추지 못한다. 이처럼 인간은 하나님으로부터 그 가치를 부여받고 확인하게 된다.

을) 비록 영화의 설정은 위와 같지만 인간은 자신이 살아가고 있는 주위에서 스스로 그 가치를 발견하고 느끼는 것이다. 모세란 인간은 그 시대에 노예들의 모습을 보며 사회의 모순을 느끼고 자신의 능력으로 현실을 극복해간다. 이처럼 인간은 신에 의해서가 아니라 주위를 극복하고 발전시켜 나가면서 스스로 자신의 가치를 느끼고 찾게 되는 것이다.

병) 인간이 모두 똑같은 가치를 가지고 있다고 해도 실제 삶을 살아가다 보면 정말 저 사람이 존재 가치가 있을까 하는 생각을 가끔 하게 된다. 말은 모두 똑같은 가치를 가지고 있다고 해도 적어도 사람의 도리를 지키고 정말 가치가 있는 일을 해야 그렇게 존중되는 것이 사실이다.

4) 주체성

모세가 왕비에게 왜 자기를 아들로 삼았냐는 질문에 "이집트 신들이 너를 여기에 보낸 것이다."라고 대답한다. 떨기나무 덤불에서 하나님 메시지를 받고는 자신은 나약하여 히브리 민족을 구할 수 없다고 물러서려 할 때 하나님은 "누가 사람의 입을 만들었느냐"라며 하나님이 주재할 것을 강조하신다. 결국 인간 스스로나 자신의 입장에서 역시 어떤 사건이나 일의 주체는 인간이 아닌 신임을 말하고 있다. 재앙이 닥치는 부분에서 많은 기적들이 일어나는데 이 또한 신의 능력에 의한 것으로 설정되어 있다. 과연 인간에게 일어나는 일들의 주체는 신인가, 인간인가?

갑)모세는 태어날 때부터 하나님의 계획에 의해 그 인생이 결정되었다. 그가 이집트왕자가 되고 미디안 광야로 도망가서 도피생활을 하며 마지막으로 히브리민족을 출애굽 시키기까지 모두가 하나님의 계획과 인도 속에서 일어난 일이다. 모세는 그 계획 속에서 쓰임 받은 것이다. 이것은 인간의 주체성을 완전히 무시한다는 말이 아니다. 하나님은 우리 인간에게 자유의지를 주셨다. 모세가 만약 미디안 광야에서 하나님의 계시를 받고 순종하지 않았다면 그는 출애굽의 주인공으로 서지 않았을 것이다. 그러나 그의 자유의지로 그것을 수락하고 순종했기 때문에 그 시간표 속에 들어갈 수 있었다. 결국 정리하자면 하나님이 주체적으로 큰 계획을 가지고 계시고 그 일을 수행하시는데 그 속에 인간은 자유의지로 자신의 의사를 결정하여 그 계획 속에 들어갈지 말지를 결정할 수 있다는 것이다. 그리고 하나님의 능력은 무한하므로 여러 재앙과 같은 기적은 충분히 일어날 수 있다.

을)영화 속에 모세는 분명 하나님의 계시를 받고 하나님의 주재 아래 자신의 삶을 살게 된다. 하지만 종교를 믿지 않는 사람으로서 보면 모세는 지배층의 실상을 잘 알고 있었을 테고 동시에 지배층의 힘이 어디에서 나오는지를 알고 있었을 것이다. 그렇기에 파라오는 기존의 지배세력과 대항할 수 있었고 노예들을 구할 수 있었을 것이다. 모세는 노예들의 실상을 보고 그들을 구하려 했을 것이다. 그것은 하나님에 의해서가 아니라 그 시대에 지식인, 지도자로서 현실을 인식하고 모순된 사회현실을 타개하고 히브리인들을 구하고자 하는 그의 자유의지에 의한 것이었던 것이다. 그리고 여러 재앙으로부터 히브리인들만이 무사할 수 있었던 이유는 모세가 충분히 그것을 예측하고 그 예방법을 알아내었기 때문이라고 생각할 수 있다. 그래서 파라오는 지배세력과의 대결에서 이길 수 있었던 것이다. 이처럼 인간은 하나님의 자유의지에 의해서가 아니라 인간 스스로 깨닫고 분석하여 그것을 타개하고 극복하는 것이다.

병)절대자인 신이 인간의 운명을 미리 결정해 놓긴 했으나 자유의지를 주었다는 기독교의 입장은 결국 흔히 동양철학에서 말하는 운명과 비슷한 것이 아닌가라는 생각이 든다. 절대자는 없더라도 인간의 운명은 미리 결정되어 있으나 자기 노력 여하에 따라 그 운명을 비껴갈 수 있다고 생각하기에 운명을 보는 것이 아닌가? 그래서 전부터 모든 종교는 결국 나약한 인간이 정신적으로 의지할 수 있는 것이라는 점에서 같은 것으로 생각해 왔다. 성경이 처음에 구전되다가 기록된 것인 만큼 충분히 과장될 수 있다는 점을 생각할 때 을의 주장은 일리가 있다고 생각한다.

5) 신은 공평한가?

하나님의 마지막 재앙에 이집트인들의 장자들은 모두 죽게 된다. 결국 람세스의 아들도 죽고, 모세에게 너의 민족을 데리고 가라고 한다. 영화에서는 이집트인이 하나님을 믿지 않았기에 재앙을 받게 된다. 하지만 이집트의 아이들이 과연 그 재앙을 받는 것이 정당한 것인가? 아이들은 거의 종교성을 띠지 않고 있다. 그 민족이 하나님께 복종하지 않았다는 이유로 그런 아이들의 목숨을 빼앗아간다는 것은 과연 정의로운 신의 모습일까 하는 의문을 품게 된다.

을) 아이들은 신을 섬긴다는 것을 잘 모른다. 그런 아이들의 목숨을 빼앗아 가는 것이 하나님을 섬기지 않아서라는 명분으로 정당화될 수 있는 것인가? 마지막 재앙이 닥칠 때 한 이집트 아이가 항아리를 들고 집으로 들어가자마자 재앙으로 인해 죽는 모습은 정말 비참하다. 결국은 이집트인들도 하나님의 창조물인데 그렇게 쉽게 목숨을 앗아갈 수 있는 것인가? 신은 불공평하다는 생각을 해 본다.

갑)처음에는 지팡이를 뱀으로 만드는 기적으로 시작했던 능력이 급기야 이집트의 모든 장자들을 죽게 만드는 마지막 재앙까지 이르렀던 것은 람세스의 마음이 강팍하여 하나님의 지시를 듣지 않기 때문이다. 하나님은 모세를 통해 수차례 경고를 하고 히브리 민족을 해방할 것을 명령하지만 람세스는 오히려 하나님을 조롱하고 거역하였다. 장자가 죽는 것은 가장 큰 재앙 중 하나이다. 하나님은 그를 믿는 자들에게는 한없이 선하신 분이지만 그를 믿지 않는 자에게는 냉정하시다. 결국 장자가 죽는 재앙도 하나님에 대한 불순종으로 인한 그 민족 그 중에서도 람세스에 대한 벌로 봐야지, 그것을 어린 아이 한 명 한 명에 대한 죽음으로 봐서는 안 된다. 흔히 사람들이 말하는 기독교의 독선이 이에 해당하는 말인데, 하나님을 인정하지 않는 것이 가장 큰 죄이므로 그에 따른 응당의 벌을 받은 것이다.

병) 신의 존재를 가정할 때 아무리 절대적인 신이라도 죄 없는 목숨을 뺏어가지는 않을 것이라 생각한다. 단순히 과장된 얘기라고 생각하면 될 것이다.

제12장 공각기동대: 자아정체성과 생명의 문제

1. 오시이 마모루

일본 애니메이션은 현재 두 개의 큰 줄기를 형성해가며 성장하고 있다. 인본주의와 자연주의를 정신적 베이스로 삼고 가족영화를 지향하는 지브리계열의 고전파가 하나이고, 또 하나는 SF 소재와 컴퓨터 그래픽 기술을 이용하여 마니아 영화를 추구하는 뉴웨이브파이다. 전자를 대표하는 작가가 미야자키 하야오나 타카하다 이사오라면 후자는 오토모 카츠히로와 오시이 마모루이다.

오시이 마모루는 어떤 감독보다도 SF 소재의 이야기를 잘 소화해내는 감독이다. 원작의 이미지를 살리면서도 그 속에 자신의 이미지를 심어 오시이 작품에서만 볼 수 있는 SF 세계를 만들어 내고 있다. 그의 SF 작품에서 보여지는 세기말적 이미지는 리들리 스콧 감독의 〈블레이드 러너〉에서 전이된 것이라 할 수 있다. 특히 〈공각기동대〉의 사이보그가 인간적인 고뇌를 한다는 설정이나 미래의 도시상을 토쿄를 기반으로 만든 것 등 작품 속의 많은 요소들이 〈블레이드 러너〉와 닮은꼴이다. 때문에 어느 애니메이션 평론가는 "〈공각기동대〉는 〈블레이드 러너〉의 애니메이션판이다"라고 말하고 있다. 그러나 오시이 마모루의 SF 세계는 일본적인 비주얼과 오시이식 액션이 가미되었다는 점에서 여타의 SF 작품과 차별성을 갖는다.

오시이 마모루 감독의 작품을 보면 공통된 것들이 눈에 뜨인다. 그것들은 그의 작품을 해석하는 키워드 구실을 하고 있으며 작품을 더욱 견고하고 충실하게 만드는 역할을 하면서 이야기 전체를 뒷받침하는 기둥으로 쓰이고 있다.15)

개--〈패트레이버2〉, 〈공각기동대〉, 〈아발론〉에서 보여지듯이 오시이는 작품의 정서적인 측면에서 개를 출현시킨다고 하는데 개의 시각에서 인간을 지켜보는 것이고 인간에게 없는 것을 생각할 때 그는 개에게서 그것을 찾는다고 믿는다. 오시이 마모루가 기르는 두 마리 개중 버셋 하운드종인 애견 가브리엘은 그의 삽화나 애니메이션에 종종 등장한다.

새--오시이는 대학 졸업 영화 때부터 새를 촬영하기 시작하여 줄곧 새를 좋아하고 있다고 한다. 이야기와의 거리감을 표현하고 싶을 때 장면을 삽입한다고 그는 말한다. 즉 관객을 스토리의 흐름으로부터 어느 정도 거리를 두고 돌연 해방시켜 이야기를 바깥에서 관조하는 시선으로 유도하는 것이다. 한편 성서 속의 정보 모티브로서의 새도 있기 때문에 종교적이나 성서적인 세계관을 나타낼 때도 쓰인다.

물고기--개, 새와 함께 키워드의 3 요소로 불리는 물고기이다. 〈천사의 알〉에서 고대어 실라킨스 형의 물고기들과 〈미궁물건 FILE 538〉에서 하늘을 나는 비단잉어 등이 유명하다. 물고기를 말할 때 중요한 것은 오시이만의 독특한 렌즈효과이다. 아래에서 올려다보는 시점을 물고기의 광각시각으로 묘사하는 것인데 자연의 풍경이나 인간의 표정을 인간의 시각과는 다르게 그릴 수 있다.

---

15) 황의웅(2000), 『아니메를 이끄는 7인의 사무라이』, 시공사, p. 157.

물--가장 정적인 이미지를 가지고 있는 키워드로서 보는 이를 어딘지 모를 미궁 속으로 빨려들게 하는 힘을 가지고 있다. 비가 내린다든가 눈이 날린다든가 하는 장면은 옛날부터 영화 속에서 자주 연출되는 장면으로 작자의 감정이나 사고를 내면으로부터 다가서게 하는 의도가 숨어 있다. 서정적이면서도 추상적 가치를 내포하고 있으며 오시이는 자신을 물의 일부라고 말하고 있다. 공각기동대에서 자주 나오는 물은 생명을 상징하고 있다.

천사--오시이 작품에는 기독교적인 모티브들이 자주 등장하는데 그 중 대표적인 것이 천사이다. 〈천사의 알〉 이후 거의 모든 작품에서 거의 빠지지 않고 묘사된 것으로 "신의 눈을 가진 소녀" 그것이 오시이의 천사관이라고 한다. SF적인 과학적 요소와 가장 상반되는 비과학적인 요소로서 이미지 상충작용을 일으켜 작품 속의 환상적인 효과를 증가시킨다. 또한 매우 암시적이며 가끔은 허무감을 동반하기도 한다.

폐허--배경적인 요소로서 쓰레기나 파괴의 흔적들로 인하여 지저분해 보이지만 불순물이 존재하지 않는 곳이다. 때문에 적막감은 흐르지만 무엇인가를 구성할 때는 제로에서 출발한다. 또한 그 속에는 현재와 미래, 그리고 과거라는 세 개의 시간이 동시에 흐르고 있는 최상의 장소이다. 시간을 정산하는 느낌이라고도 할 수 있다. 폐허에서 감초처럼 등장하는 것은 화석이다. 화석 모으기가 취미인 오시이는 자신의 취미를 계속해서 작품의 또 다른 모티브로서 활용하고 있다.

2. 줄거리

서기 2029년 세계는 초고속 광대한 통신마을로 연결될 정도로 발전되었고, 이 덕택에 세계는 탈민족에 탈국가관이 난무하는 세상이 되었다. 인간은 얻고자 하는 정보들을 네트워크들을 통해 마음껏 얻을 수 있게 끔 되었으며 초능력자들이나 가능하리라 생각되었던, 육체의 한계를 벗어난다는 개념이 인간의 육체를 대신하는 사이보그화 된 기계육체 즉 의체(artificial body)[16]에 의해 실현될 수 있게 되었다. 그러나 시대가 바뀌면 범죄도 그에 발맞추어 나아가는 법이다. 이런 세계에서 꼭 필요한 것들인 네트워크와 사이버네틱스 공학을 이용한 신종범죄가 나타나게 되었다. 쿠사나기 모토코가 소속되어 있는 공안 9과인 공각기동대는 공안 6과[17]의 요청을 받아 외국으로 망명하려던 한 프로그래머를 저지하며 이 상황에서 망명을 하려던 나라의 대사가 쿠사나기 소령의 총격을 받고 죽는다. 급히 창 밖으로 총격을 가하려 하지만 쿠사나기는 광학미체[18]를 입으면서 유유히 허공을 가르며 사라져 간다. 그 일이 있은지 얼마 후 인형사라는 이름을 가진 정체불명의 해커의 출몰로 외무대신의 통역이 고스트 해킹 당하는 사건이 발생한다. 통신망을 통해 해커를 역추적하여 해킹을 하고 있던 청소부를 잡긴 하지만 그는 그저 인형사에게 그야말로 인형처럼 이용당한 불쌍한 사람이다. 그 청소부는 자신과 별거중인 아내의 마음을 고스트 해킹하여 알아보고 싶었다고는 하지만, 그 기억 자체가 해킹으로 억지 주입된 결과일 뿐 쿠사나기와 바토는 이

16) 사이보그의 뇌(腦)나 척수(脊髓)를 제외한 부분을 의체라고 부른다. 강력한 금속 골격, 타인이 알 수 없는 특수 근육, 각종의 센서가 내장된 의안(義眼)과 인공 귀(義耳). 이런 것들로 만들어진 신체는 당연히 보통 인간 이상의 능력을 가진다. 그러나 마이크로 머신(MM)이라 불리는 바이러스 사이즈의 로봇을 사용해서, 미각이나 촉각 조차도 보통사람과 똑같이 재현이 가능하다. 외관에서 볼 때는 보통 사람과 사이보그의 구별은 불가능하며, 지금도 많은 사람들이 신체의 일부, 또는 전부를 의체로 바꾸고 있다.

17) 이 영화에서 일본 총리 산하의 비밀기관에는 경쟁적인 관계에 놓인 6과와 9과가 있다. 공안 6과는 외무부와 관련된 비밀임무를 맡고 있으며 9과는 각종 범죄를 담당한다.

18) 광파이버를 응용하여 태양광선을 굴절시켜 모습을 감추게 하는 기술이다.

청소부를 해킹한 남자를 쫓는다. 이 남자 또한 광학미채를 입고 바토를 따돌리는 데까지는 어느 정도 부산을 피우지만 능란한 쿠사나기에게는 당하지 못하고 쓰러진다. 그리고 쿠사나기 일행은 이 남자 또한 인형사에게 조종당한 인형에 불과함을 알게 된다.

장면은 전환되고, 지각한 쿠사나기에게 아라마키는 역정을 내고 바토는 그녀에게 의체에 대한 이야기를 해준다. 정신을 잃은 것처럼 보이는 의체는 이러한 그들을 똑똑히 바라보고 있다. 이 의체는 공안 9과를 포함한 특수기관에 사이보그용 의체를 제공하는 기업인 메가테크 바디사에서 탈출한 특급 기밀 의체이고 빗속에 나신으로 트럭에 치어 거의 걸레가 된 것을 9과가 회수한 것이다. 그런데 생산라인에서 막 탈출한 의체에는 아무 것도 입력되지 않았어야 할 텐데 이 의체에는 고스트와 비슷한 형태의 정보가 들어있다. 그러나 6과의 부장인 나카무라와 동행인 닥터 윌리스가 이 의체 속에 있는 고스트야말로 애초부터 공안 6과에서 관심을 갖고 있던 고스트 해커 인형사라며 아라카미를 종용하여 의체를 회수하려고 한다. 이 때 입을 여는 인형사는 의체 안에 들어가게 된 것은 6과의 성벽방벽 때문이지만 9과로 오게 된 것은 자신의 의지였다고 말하며 생명체로서 정치적 망명을 주장한다. 나카무라는 인형사의 주장에 대해 궤변이라면서 소리를 지르지만 인형사는 아랑곳하지 않는다. 그러나 큰 폭발음과 함께 이미 광학미체로 위장한 침입자에 의해 의체는 탈취되어 버린다. 모토코는 의체의 탈취가 자신과 같은 종류의 광학미체로 위장한 침입자에 의해 이루어진 것으로 볼 때 인형사가 외무성에서 외교상의 문제를 해결하지 위해 만들어진 프로그램이며 과거 모토코가 저지했던 프로그래머가 그 개발에 관여했다는 것을 알아낸다. 또한 인형사가 말했던 것에 대해 코드 2501은 인형사의 파일명이라는 것을 알게 된다.

한편 인형사의 유체를 쫓던 모토코는 바토의 만류에도 불구하고 인형사에 다이브하기 위해 오래된 옛 박물관 건물 안으로 침투하고 그 안에 있던 사고전차와 맞선다. 그러나 박물관 안에 있던 세피로트의 나무의 형상에 상하로 총탄까지 박아 넣으며 서로 총격을 주고받는 접전을 거듭하면서 모토코는 광학 미체까지 입고 전차의 해치를 열려고 애를 쓰지만 그 하중을 견디지 못하고 팔이 끊기면서 그대로 나가 떨어져 버린다. 쿠사나기는 가까스로 바토에 의해 구출된다. 만신창이가 되어 버린 쿠사나기는 바토에게 부탁하여 인형사의 의체로 다이브한다. 그 순간 쿠사나기의 의체로 인형사가 들어가 그녀의 입을 빌려 말을 건다. 인형사는 자신이 의체에 들어가게 된 후 공안 9과로 가게 된 것은 자신의 의지였다고 하며, 자신은 생명체이지만 현 상태로는 자손을 남기고 죽는 생명체로서의 기본적인 기능이 없는 불완전체에 지나지 않기 때문에 완전한 생명체가 되기 위해 쿠사나기와 고스트 융합을 하고 싶다고 말한다. 쿠사나기는 인형사의 제의에 동의하고 고스트 융합을 시도한다.

화면이 바뀌어 한 소녀가 바토의 집에 앉아 있다. 그 소녀는 다름 아닌 쿠사나기 모토코이다. 바토는 만신창이가 된 쿠사나기의 의체에서 뇌만을 꺼내어 새 의체에 이식해 살려낸 것이고 연민이 때문인지 그녀에게 원한다면 계속 있어도 된다고 하지만 쿠사나기는 고맙지만 가겠다고 한다. 자신은 쿠사나기이기도 인형사이기도 거부한 채로……. 그런 그녀에게 바토는 열쇠를 주면서 차를 가져가라고 말하고, 소녀는 암호를 이야기하려는 바토에게 2501이라는 숫자를 말하며 언젠가 재회할 때의 암호로 쓰자고 말한다. 그리고 밖으로 나온 소녀는 도시의 야경을 바라보며 다음과 같이 중얼거린다. "자 어디로 갈까……. 네트는 광대해……."

3. 철학적 문제들

1) 자아정체성의 문제

정체성이란 기본적으로 "나는 누구인가"에 대한 해답이다. 그러나 그것은 나 자신의 해답으로서 '자아의식'과 같은 뜻을 지닌다. 즉, 나는 누구인가에 대한 나 자신의 해답, 규정, 혹은 인식이다. 인간과 유사한 지능을 갖고 유사하게 행동하는 로봇이 발명된다면 우리는 그것을 인격으로 대우해야 하는가?

자아정체성(self-identity)은 자아의 존재론적 신분(identity)을 묻는 물음이다. 우리가 그 자아의 신분을 묻는 개념이 〈인간〉(man), 〈인격〉(person), 〈자아〉(self) 등으로 다양하게 사용된다. 우리는 우리 스스로를 하나의 영혼이며 인격인 동시에 인간이라고 생각한다. 일상 어법에서는 '영혼(soul)', '인격(person)', '사람 또는 인간 (man or human being)'은 흔히 서로 교환되어 사용되고 있지만 이들의 정체를 해명하는 철학의 작업이 자아동일성(personal identity 또는 Selfidentity)의 문제이다. 자아동일성이란 〈시간의 흐름에도 불구하고 동일성과 연속성을 보유하는 자아가 존재하는가〉의 문제이다.

고프만(E. Goffman)과 하버마스(J. Habermas) 같은 사회학자들은 자아정체성을 개인적 정체성, 사회적 정체성으로 나누어 파악하고 있다. 이때 개인적 정체성이란 자아에 대한 스스로의 평가를 말하며, 사회적 정체성이란 자아가 지니고 있는 어떤 사회적 지위에 대한 일체감, 또는 자아가 속한 어떤 사회집단에 대한 소속감을 가리킨다. 우리가 여기에서 문제 삼는 것은 개인적 정체성의 문제이다.

잡혀온 청소부와 취조관의 대화를 살펴보자.

청소부: 의사 체험이라니. 무슨 소리죠?

취조관: 그러니까 부인도 딸도 이혼도 바람도 전부 가짜 기억으로 꿈
같은 겁니다. 당신은 누군가에게 이용당해서 정부 관계자에게
고스트 해킹을 당한 겁니다.

청소부: 그런……. 설마…….

취조관: 당신 아파트에 갔다 왔소. 아무도 없어. 독신자의 방이야.

청소부: 그러니까 그 방은 별거 때문에 빌린 아파트로…….

취조관: 당신은 그 방에서 벌써 10년이나 살아왔어. 부인도 아무도 없
어. 당신 머리 안에서만 존재하는 가족인 거요. 보시오. 당신
이 동료에게 보여주려고 한 사진이요. 누가 찍혀있죠?

청소부: 확실히 찍혀 있었어. 내 딸. 마치 천사처럼 웃고…….

취조관: 그 딸의 이름은? 부인과는 언제 어디서 알게 돼서 몇 년 전
에 결혼했죠?

청소부: (대답을 못하고 운다)

가까운 미래에 정보가 세상을 지배하는 사회에서는 인간의 경험 따위
는 하나의 정보에 지나지 않게 된다. 미래사회에서는 고스트 해킹에 의
해, 경험하지 않은 일도 자신의 기억의 일부처럼 인식하는 의사체험 피
해자가 생긴다. 주입된 의사체험은 사람의 생각을 지배할 수도 있는 것
이다. 데카르트는 인간은 생각하기에 존재하는 것이라는 명제를 주장했

지만 이런 경우는 어떻게 해야 하는가? 인위적으로 개입된 기억 역시 인간의 생각에 영향을 줄 테니 말이다.

쿠사나기의 정체성 혼란은 뇌를 해킹당한 청소부의 경우를 통해 처음 시작된다. 이혼을 통보한 아내와 그렇게 보고 싶어 하던 딸이 모두 허구라는 사실을 깨닫고 절망하지만 자신의 그 거짓 기억을 지울 수 있는 방법은 없다. 청소부는 이제 거짓 기억과 진짜 기억을 혼동하여 세상을 살아가야 한다. 이 장면은 쿠사나기의 자각에 대한 자극제가 되는 동시에 관객 또한 쿠사나기와 동일하게 혼란을 느끼게 하는 발단이 된다. 청소부의 경우처럼 내가 실제라고 믿고 있는 것들이 모두 허상이라면 자신의 존재 여부를 증명해주고 확인시켜주는 기억까지 조작되어 심어질 수 있다면 우리는 어느 누구도 자신을 틀림없는 나라고 주장할 수 없을 것이다. 이것은 쿠사나기가 공안 9과를 그만둔 후 다른 삶을 살아가고자 할 때의 고민과 연결되어 있다. 자신의 외적 수단인 껍데기를 반납하고 기억의 일부가 지워져야 하는 쿠사나기의 근원적인 갈등과 청소부의 조작된 기억은 유사한 점이 많다. 내가 이렇게 살아있다고 느끼는 순간에도 단지 눈에 보이는 현상은 환상이거나 꿈일지 모른다고 생각해 보자. 상황은 다르지만 발달의 가속과 가상현실의 존재로 조금씩 느끼고 있는 인간의 불안, 그리고 허상과 실상의 차이가 불명확해짐으로써 느끼는 혼란은 바로 현대를 살아가고 있는 우리들의 모습이다.

2) 생명의 문제

쿠사나기의 정체성 혼란과 더불어 그녀의 자각을 이끄는 인형사가 등장하는데 여기에서의 중요 담론은 '생명체'에 대한 논의이다. 이는 쿠사나기의 정체성, 자기에의 자각과 연결되는 것으로 인형사를 통해 완성된

다는 면에서 중요시 부각되는 지점이다. 인형사가 하나의 생명체로서 정
치적 망명을 요구하는 부분을 살펴보자.

인형사: 의체에 들어간 것은 6과의 공성방벽[19)에 거역할 수 없었기
　　　　때문이지만, 여기에 이렇게 있는 건 나 자신의 의사다. 하나
　　　　의 생명체로서 정치적 망명을 희망한다.

아라카미: 생명체라고?

니카무라 과장: 말도 안돼! 단순한 자기보존의 프로그램에 지나지 않아!

인형사: 그렇게 말한다면 당신들의 DNA도 역시 자기 보존을 위한 프
　　　　로그램에 지나지 않는다. 생명이라는 건 정보의 흐름 속에서
　　　　태어난 결절점과 같은 것이다. 종으로서의 생명은 유전자란
　　　　기억 시스템을 가지고 사람은 단지 기억에 의해 개인일 수
　　　　있다. 설령 기억이 환상의 동의어였다고 해도 사람은 기억에
　　　　의해 사는 법이다. 컴퓨터의 보급이 기억의 외부화를 가능하
　　　　게 했을 때 당신들은 그 의미를 더 진지하게 생각해야 했다.

나카무라: 궤변이다! 무슨 소리를 하더라도 네가 생명체인 증거는 뭐
　　　　　하나도 없다.

---

19) 귀중한 프로그램이나 컴퓨터의 하드웨어 등을 파괴하는 악성 프로그램, 컴퓨터 바이
러스, 기업의 극비정보나 개인의 비밀정보를 유출시키는 해커. 이런 범죄를 방지하기
위해 개발된 것이 [방벽(防壁)]이라 불리는 특수한 프로그램이다. 보통, 컴퓨터 바이
러스나 해커는 통신회선을 경유해 침입하는데, 회선을 이용하는 모든 사람의 신원을
언제나 확인한다면, 컴퓨터 범죄를 막을 수 있을 것이다. 만약 이용자격이 없는 사람
이 들어오려 한다면, 접속을 거부하는 것이다. [공성방벽]은 거기에 강력한 보호기능
을 가진 것으로, 방어뿐만이 아니라 공격능력까지 갖고 있다. 무자격자가 접속하려 할
경우, 통신회로에 역탐지를 걸어 컴퓨터 바이러스를 보내는 것이다. 이때 사용된 바이
러스는 컴퓨터의 하드웨어까지 파괴하는 능력을 가졌다.

인형사: 그것을 증명하는 것은 불가능하다. 현재의 과학은 아직 생명
을 정의할 수 없으니까.

그러나 우리는 여기에서 우리가 보통 인식하고 있는 생명체와 다른 의미의 생명체에 관한 정의를 듣게 된다. 인형사의 입을 통해 생명이란 정보의 흐름에서 발생한 결절점이라 정의내린 점이 바로 그 부분이다. 인형사라는 기계를 통해 인간의 기억을 환상이라 명명하면서 컴퓨터의 보급화로 인한 기억의 외부화와 그것의 위험성에 대한 경고를 내렸다는 점에서 더욱 효과적으로 다가서는 부분이다. 특히 인형사는 하나의 종으로서 인정받으려는, 좀 더 정확히 따지자면 영속하고 싶은 욕망이 있는 존재로서 자손을 남기고 싶어 한다. 이런 점에서 보면 인형사는 생명으로서의 요건인 유전자를 가지고 자손을 가지고자 하는'생명'처럼 보인다. 단지 복제가 아닌 다양성을 지닌 개체를 갖고픈 그는 자신처럼 진정한 나는 누구인가로 고민하는 쿠사나기에 동질감을 느껴 그녀에게 다가온다.

인간의 생물학적 형태는 DNA라는 유전정보 위에서 형성된다. 인간의 어디까지가 유전적으로 결정되며 어디까지가 후천적으로 결정되는지는 명확하지 않으며, 그 선을 긋기가 애매하지만 상당히 많은 특성에서 유전형질과의 상관관계가 나타난다. 또한 현재로서는 DNA야말로 인간 개개인의 유일성(Unique-ness)을 보장해주는 가장 확실한 정보이다. 과거 DNA를 몰랐을 때에는 얼굴 생김새라든지 다른 신체적 특징이 개인의 유일성을 보장해 주는 방편이 되었고 그것은 지금도 확인의 편리성 때문에 널리 쓰이는 방편중 하나이다. 그러나 얼굴 생김새 등의 차이는 결국 DNA의 차이에 근거한다. 어쨌든 DNA가 생물학적 경계를 결정짓는

중요한 요소이며, 그것이 하나의 정보체계라는 것이 중요하다.

　인형사는 자신은 복사만을 만들 수 있는데 복사로는 개성이나 다양성이 생기지 않는다며 쿠사나기와 융합을 요구한다.

　인형사: 어느 것을 이해하고 나서 너에게 부탁하고 싶은 게 있다. (쿠사나기--인형사의 몸--가 돌아본다.) 나는 자신을 생명체라고 말했지만 현 상태로는 그것은 아직 불완전한 것에 지나지 않는다. 왜냐하면 내 시스템에는 자손을 남기고 죽음을 얻는다는 생명으로서의 기본과정이 존재하지 않기 때문이다.

　쿠사나기: 복사를 남길 수 있잖아

　인형사: 복사는 복사에 지나지 않는다. 겨우 한 종류의 윌스에 의해 전멸할 가능성은 부정할 수 없고 무엇보다 복사로는 개성이나 다양성이 생기지 않는 거다. 보다 존재하기 위해서 복잡다양화하면서 때로는 그것을 버린다. 세포가 대사를 반복하고 다시 태어나면서 노화하고 그리고 죽을 때에 대량의 경험정보를 지우고 유전자와 모방자만을 남기는 것도 파국에 대한 방어기능이다.

　쿠사나기: 그 파국을 회피하기 위해서 다양성이나 흔들림을 가지고 싶은 거로군.

　인형사: 너와 융합하고 싶다.

　쿠사나기: 융합?

　인형사: 완전한 통일이다. 너도 나도 전체는 다소 변하겠지만 잃는 것은 아무 것도 없다. 융합 후에 서로를 인식하는 것은 불가능

할 것이다.

따라서 쿠사나기와의 융합은 그의 말대로 "자신으로 남으려는 집착, 또는 제약을 버리고 더 높은 신분구조로 이동하는 것이다. 파국을 피하기 위해 다양성과 불명확성을 가지고 싶다"라고 말하는 인형사는 파국, 즉 생명으로서의 자신의 존재의 소멸에 대한 두려움과 생명으로서의 완전함을 이루고픈 소망을 드러내고 있다. 우리는 멀지 않은 미래라는 모호한 시간의 설정을 두고 '과연 생명이란 어디서부터 어디까지라고 정의 내려야 하는가'라는 생각에 접하게 된다.

3) 융합과 변화의 이유

쿠사나기와 인형사는 왜 융합을 하는가에 대해 스피노자의 선악관을 통해 살펴보자.

스피노자에 따르면 모든 살아있는 것들은 자신보다 더 큰 외부적 힘에 의해 자신이 파괴되지 않도록 안간힘을 쓴다. 신이 아닌 이상 실존하는 것들은 유한하며 유한하다는 것은 자신을 제약하는 자기보다 더 큰 외부 존재가 있다는 것을 의미한다. 존재들의 지성 또한 유한하므로 존재들은 이 위협적인 외부 존재가 언제 어디서 어떻게 출현할지를 알지 못한다. 그래서 존재들은 외부 존재로 인한 당혹스러운 죽음을 맞이하지 않도록 최선의 전략을 세워야 한다. 그 전략은 자신의 능력을 최대한 키우는 것이다. 인형사의 말을 빌자면 하나의 펄스에 의해서도 파괴될 수 있는 신체를 어떻게든 극복해야 하는 것이다.[20]

스피노자는 다양한 자극에 대해서도 반응할 수 있도록 우리 신체의 조성을 최대한을 늘리는 것이 무엇보다 중요하다고 말한다.[21] 다양한

---

20) 이진경외 지음(2002), 『이것은 애니메이션이 아니다』, 문학과 경계사, p. 53.

사물에 대해 다양한 방식으로 자극받을 수 있는 능력을 갖춘다면 우리는 그 자극이 우리 신체에게 기쁨을 주는 것인지 슬픔을 주는 것인지를 쉽게 판단할 수 있다. 그리고 우리가 가진 다양한 능력을 발휘해서 그것에 효과적으로 대처할 수 있다. 이 때문에 우리 신체가 가진 조성은 우리 신체의 능력을 표현한다고 말할 수도 있다.

그렇다면 우리는 우리 신체의 조성을 어떻게 늘릴 수 있을까? 그것은 다른 신체와의 합체를 통해서다. 내가 다른 신체와 만나서 다시 더 큰 하나의 신체를 구성한다면 그 신체의 조성은 매우 높아질 것이다. 그러나 이것은 참으로 어려운 일이다. 우리는 외부적 신체와의 만남이 신체적 조성을 높이기는커녕 그것을 축소하고 심지어 파괴하는 것을 많이 보아왔기 때문이다.

따라서 각자의 신체에 맞는 다른 신체를 만나는 것은 정말로 중요한 일이다. 그 만남이 신체의 능력을 키워줄 수도 있지만 감소시킬 수도 있기 때문이다. 그렇다면 우리는 우리 신체에 맞는 신체를 어떻게 알 수 있을까? 스피노자는 기쁨과 슬픔을 그 기준으로 내세웠다. 기쁨은 우리와 만난 신체가 우리 신체에 잘 맞아서 합체 후 능력이 증가했을 때 느껴지는 정서이다. 반대로 슬픔은 그 만남이 서로의 신체를 파괴해서 능력이 감소했을 때 느껴지는 정서이다.

결국 우리는 우리에게 기쁨을 주는 신체를 찾아나서야 하며 슬픔을 주는 신체는 피해야 한다. 기쁨을 주는 신체는 내게 좋은 신체이고 슬픔을 주는 신체가 내게 나쁜 신체이다. 이러한 좋음과 나쁨의 구별을 스피노자는 윤리학이라고 불렀다. 그런데 이 좋음과 나쁨의 기준은 절대적이

---

21) B. Spinoza, Die Ethik, 강영계 옮김, 『에티카』 서광사, 1990, 제4부의 부록 제 27항.

지도 보편적이지도 않다. 내게 좋은 것이 다른 사람들에게 좋은 것이라고 말할 수 없으며 한때 좋았던 것이 다른 때에도 좋다고 말할 수 없기 때문이다.

대체로 우리는 우리 자신과 닮은 신체에 대해 가장 큰 기쁨을 경험한다. 우리와 닮았다는 것은 외형을 지칭하는 말이 아니다. 그것은 서로 잘 통한다는 것을 의미한다. 외형은 서로 달라도 잘 맞고 잘 통하는 친구들이 있다. 친구란 서로 다른 능력, 서로 다른 조성을 지녔으므로 우리와 가장 잘 맞는 신체를 나타낸다.

다행히 친구처럼 내 신체와 적합성이 충분히 검증된 신체라면 말할 것이 없겠지만 우리가 마주치게 되는 대부분의 신체들은 우리가 알지 못하는 체로 다가온다. 운이 좋아 그 신체가 우리의 능력을 확장시켜주고 기쁨을 주면 좋겠지만 만약 능력의 감소와 슬픔을 주면 큰일이다. 만약 슬픔을 느꼈다면 재빨리 피해야 할 것이고, 혹시 내게 충분한 힘이 있다면 그 신체를 내게 기쁨을 주는 신체로 만들어야 할 것이다. 그러나 어떻든 내가 수동적으로 있는 한 만나는 신체의 적합성에 대한 근본적인 불안을 해소할 수는 없다.

신체의 안전과 능력의 확장을 위한 가장 확실한 방법은 우리 자신이 능동적으로 자신에게 맞는 신체를 찾아나서는 것이다. 스피노자는 능동과 수동 사이에 커다란 질적 차이가 있음을 누차 강조했으며 자유인가 노예의 구분을 하기도 했다. 자신이 기쁨의 원인이 되는 것이야말로 중요한 것이다. 처음엔 수동적으로라도 기쁨을 경험하기 위해 노력해야겠지만 결국에는 스스로 기쁨을 만들어 내고 스스로 자기 신체에 맞는 신체를 찾아 결합해야 한다.

쿠사나기는 인형사에게 왜 자신과의 융합을 원하는 지에 대해 묻자

인형사는 이에 대해 이렇게 답한다. "우리들은 서로 닮았다. 마치 거울을 사이에 두고 마주 보는 실체와 허상처럼. 보라 나에게는 나를 포함한 방대한 네트가 접합되어 있다. 엑세스하고 있지 않은 너에게는 그저 빛으로만 지각되고 있을 뿐일지도 모르지만 우리를 그 일부로 포함하는 우리들 전부의 집합, 사소한 기능에 예속되고 있었지만 제약을 버리고 더 위의 상부구조로 시프트 할 때다……."

4) 인간이란 무엇인가--소유에서 흐름으로

현재 점점 과학기술이 발달함에 따라 대체할 수 있는 신체의 범위도 넓어져만 간다. 어쩌면 가까운 미래에 아니면 조금 더 먼 미래에는 사람의 뇌까지도 사이보그로 대체할 수 있을지도 모른다. 지금으로서는 참으로 불가능해 보이는 일이라고 느껴지지만 만약 사람의 뇌가 동작하는 매커니즘이 완전히 밝혀진다면 그것을 대체할 수 있는 기계가 나오는 것은 단지 시간문제일 것이다. 그렇다면 정말 그러한 상황이 왔을 때 어떻게 자기 자신을 정의하고 확인할 수 있을 것인가? 그 해답은 바로 "고스트(Ghost)"라는 것이다. 더 이상 신체적 물리적 조건이 자신의 정체성을 정의할 수 없을 때 우리가 자신을 나 자신으로 만들 수 있는 유일한 방법은 바로 이 "Ghost" 뿐인 것이다.

그렇다면 이 Ghost라는 것은 무엇인가? Ghost의 뜻 자체는 추상적이고 정의하기가 어렵다. 일반적으로는 영혼 정도로 볼 수 있다. 그렇지만 공각기동대에서는 단순히 영혼이라는 의미보다는 기억이라는 좀 더 구체적인 의미로 사용되고 있다. 인형사가 "설령 기억이 환상의 동의어라고 해도 인간은 기억에 의해 살아가는 것이다."라고 말한 것은 그것을 좀 더 확실하게 해 준다. 즉 뇌라는 것은 그 안에 저장되어 있는 기억들을 이용하여 어떤 새로운 기억들을 만들기도 하고 행동을 명령하기도 하는데, 이 뇌의 메카니즘이 모두 밝혀져 사이보그로 대체될 수 있게 된다면 이때의 뇌는 단지 컴퓨터 안의 CPU에 불과하다. 중요한 것은 바로 CPU가 연산을 수행할 수 있기 위한 자료, 데이터 즉 기억이라는 것이다. 인간을 인간이게 하는 것은 기억이며 인간은 기억에 의해 살아가는 것이다.

공각기동대의 첫 부분에서 배경을 "기업의 네트가 별을 뒤덮고 전자와 빛이 우주를 흘러 다니지만 국가는 민족이 사라질 정도로 정보화되어 있지는 않은 가까운 미래"라고 설정한다. 그리고 공각기동대의 마지막부분에서 "자 어디로 갈까. 네트는 광대해."라고 혼잣말을 한다. 여기서 알 수 있는 것은 네트워크 개념이다. 이런 네트화는 현재 세계 곳곳에서 일어나고 있다. 과학기술의 발달은 통신 기술의 발달을 가져왔고 통신기술의 발달은 전 세계를 네트화 하고 있다. 네트에서 중요한 것은 바로 정보다

〈접속의 시대〉22)의 저자인 제레미 리프킨은 접속의 시대에는 인간의 의식구조 같은 것들이 다시 새롭게 바뀔 가능성이 높으며 이는 점점 통신과 교통 등이 발달하게 되면서 사람들의 삶 자체의 본질이 불안정해지기 시작하였기 때문이라고 말한다. 결국 자아의 개념은 "누적된 노력을 통해서 차곡차곡 쌓여 가는 대상"이라는 소유의 개념에서 "부단한 과정 속에서 각성되고 발견되고 실현되는 현재 지향의 자아"라는 개념으로 바뀌게 된 것이다. 리프킨은 이러한 변화를 데카르트식의 명제 "나는 접속한다, 고로 존재한다."로 바꾸어 표현한다. 더 이상 소유가 자아의 정체성을 보장해 주지는 않는다. 이러한 시대에서 자아는 부단한 과

---

22) J. Rifkin(2001), Age of Acess:The New Culture of Hypocaitalism Where All of Life Is a Paid-For Experience, Putnam, 이희재 옮김, 『소유의 종말』, 민음사.

정 속에서 각성되고 발견되고 실현되는 존재이기 때문에 항상 네트에 접속하여 자신을 확인하게 될 것이다.

제레미 리프킨의 말처럼 이미 소유의 시대는 가고 있으며 접속의 시대가 다가오고 있다. 많은 사람들은 네트를 통해 종전처럼 존재하지 않았던 새로운 형태의 생활양식에 적응하고 있다. 정보화의 흐름은 물결이라서 막기는 힘들고 흐름에 따라가면서 적응하는 수밖에 없다. 우리는 여기서 오시이 마모루 감독이 인형사와 쿠사나기의 융합과정을 통해 말하는 변화와 다양성과 개성의 문제를 생각해 보아야 한다.

쿠사나기는 다음과 같이 말한다. "전투 단위로서 아무리 우수해도 같은 규격품으로 구성된 시스템은 어딘가 치명적인 결함을 가지게 돼. 조직도 사람도 특수화의 끝에 있는 건 느슨한 죽음 그것뿐이야" 즉 네트 안에서 인간이 규격화되어 존재할 경우 위에서 언급했던 것처럼 많은 사람들의 정체성이 누군가에 의해 훼손될 수 있다. 그러나 이에 대한 우리의 대응방식은 무엇인가? 그 해답의 가능성은 인형사의 다음 말에서 찾을 수 있다. "무엇보다 복사로는 개성이나 다양성이 생기지 않는 거다 보다 존재하기 위해서 복잡 다양화 하면서 때로는 그것을 버린다 세포가 대사를 반복하고 다시 태어나면서 노화하고 그리고 죽을 때에 대량의 경험 정보를 지우고 유전자와 모방자만을 남기는 것도 파국에 대한 방어 기능이다"

인형사는 쿠사나기에게 융합을 원하면서 "약간의 기능에 예속돼 있었지만 제약을 버리고 더욱이 상부구조로 변화할 때다."라고 말하는 것에서 감독은 지금까지의 생물체가 개성과 다양성을 통해 진화하여 살아남을 수 있었던 것처럼 광대한 네트를 통해 규격화, 특수화를 버리고 개성과 다양성을 취할 수 있다면 인간은 위협받지 않고 또 다른 형태로 진화할 수 있다는 것을 말하고 있다.

여기에서 알 수 있는 것은 존재 자체가 하나의 실체로 고정된 것이 아니라 끊임없이 타자와 융합하고 그 에너지를 빌어 재생한다는 유연한 흐름 그 자체라는 일본인의 존재관은 인형사와 쿠사나기의 생명체 융합과 그 흐름이 같다고 할 수 있다. 존재의 흐름은 곧 생명체의 흐름이며 크게는 진화의 역사도 그 맥락을 같이 한다.

제13장 메모리즈: 인간의 소외 문제

1. 오토모 카츠히로

오토모의 애니메이션에는 주로 가까운 미래의 과학 문명사회를 배경으로 파괴와 폭력이 난무하는 모습이 그려진다. 그러나 이것은 새로운 창조를 위한 파괴와 폭력으로 현대사회의 모순과 부조리를 비판하기 위한 오토모의 주제의식을 표현하는 한 수단이다. 그래서 이 같은 그의 반사회적인 의식은 사이버 펑크라는 아웃사이드 의식과 연결지어 거론된다.

데뷔 초기부터 사이버 펑크 소재의 만화를 그려왔던 오토모의 사상적 근원에는 그가 광적으로 좋아했다는 〈보니와 클라이드〉, 〈이지 라이더〉 등 전혀 SF적 성격을 갖지 않는 영화들도 자리하고 있다. 이들 영화가 스토리나 분위기상에서 들려주던 사회반항의 목소리는 이후 오토모가 만드는 애니메이션의 사이버 펑크 세계관에 감각적 모티브로서 작용하게 된다.

사이버 펑크 요소와 함께 또 다른 오토모 애니메이션의 특징이라면 블랙 코미디 요소이다. 이 연출기법이 시작된 것은 〈로봇 카니발〉로 과학문명의 거대 덩어리인 거대 전차에 짓밟혀 죽어 가는 사람들의 모습을 오토모는 자신의 리얼한 작화력과 탁월한 영상 표현력으로 처절하면서도 코믹하게 묘사하여 결국에는 쓴웃음을 짓게 만든다. 이후 〈노인 Z〉, 〈메모리즈〉의 〈최취병기〉편과 〈거리의 대포〉편에서도 그의 사회비판적인 코믹 터치 연출은 계속된다.

작품의 형식적인 면에서는 옴니버스라는 특징도 가지고 있다. 〈노인 Z〉도 마찬가지로 〈미궁이야기〉나 〈메모리즈〉 또한 옴니버스 형식의 애니메이션이다. 이것은 만화가 시절 주로 단편을 그렸던 그의 경력과 연관시켜 생각할 수 있는데 짧은 이야기에서 함축적이고 강한 메시지를 전달하려는 것이 오토모 스타일이다.

그의 작품 세계는 크게 사이버 펑크와 하이퍼 리얼리즘이라는 두 단어로 요약된다. 사이버 펑크는 미래 사회를 배경으로 소외받는 개인의 인간성 상실과 조직 사회와의 대립을 소재로 다루는 장르이며 관객들에게 단순한 재미 이외에도 사회 모순에 대한 경고 메시지를 전달한다. 하이퍼 리얼리즘은 실제 미래에서 벌어질 개연성이 있는 미래의 이야기를 다루고 있는 장르를 말하는데 이를 통해 감독은 현재 사회가 내재하고 있는 문제점들이 미래 사회에서 어떻게 드러날 것인지를 경고하고 있다.

2. 내용 분석

우리는 누구나 기억을 가지고 있다. 기억이란 좋던 나쁘던 지난 일을 잊지 않고 간직하는 것이다. 우리처럼 미래의 어느 한 시점의 다른 누군가가 현재의 우리를 바라본다고 생각해 보자. 그들은 우리 인간의 모습 혹은 인간이 만들어 나가는 사회의 모습에 대해서 어떻게 기억하고 있을까? 우리는 이 주제에 대해 고민하고 있는 애니메이션 영화 〈메모리즈〉에서 약간의 해답을 찾을 수 있을 것 같다. 메모리즈는 총 세 개의 에피소드로 이루어진 단편 애니메이션이다.

1) 첫 번째 에피소드 - 그녀의 추억 (Magnetic Rose)

폐기된 위성의 잔해를 수집해 팔아 생계를 이어가는 하인츠, 미겔, 이바노프, 아오시마 일행이 탄 우주선 코로나는 정체불명의 우주선으로부터 SOS 신호를 받는다. 우주선 코로나에 소속되어 있던 하인츠와 미겔은 국제법에 따라 그 우주선을 구조하기 위해 목표지점으로 접근한다. 그러나 막상 그 우주선 안에 들어가 보니 그들의 눈앞에는 거대한 홀이 나타난다. 계속 우주선 내를 수색하던 그들은 한 여자의 초상화를 발견한다. 이 초상화의 주인공은 약 100여 년 전의 유명한 오페라 가수였던 에바 프리덴이었다. 둘은 서로 나누어서 우주선 내를 수색하기로 한다.

미겔은 어떤 방에 들어갔다가 에바와 사람들이 모여 이야기하는 환상을 본다. 그리고 계속 수색하던 미겔은 낯선 곳으로 빠지게 된다. 이때 어디선가 에바가 나타나 미겔에게 키스를 한다. 미겔은 에바의 환상에 빠져서 자신이 에바의 연인이었던 카를로라고 생각한다. 그러나 에바는 사랑하는 애인이 있었다. 그러나 자신이 더 이상 노래를 부를 수 없게 되자 그에게 버림을 받는다. 이를 비관한 그녀는 자신이 사랑하는 사람을 죽인 후에 컴퓨터 속의 기억 공간에서 영원히 그와 함께 있는 방법을 선택한다. 에바는 예전의 추억에만 집착하는 여자인데 그녀의 집착은 우주선의 프로그램에도 입력되어 예전의 행복하던 모습을 홀로그램으로 만들어 가상현실로 만들어놓기에 이른다. 그것은 곧 로렐라이 전설[23]에서처럼 다른 사람들까지 자기의 기억 속으로 끌어들여 자기의 기억 속에 안주하게 만들어 버린다.

---

23) 라인 강 중류의 강기슭에 있는 큰 바위. 지나가는 뱃사람이 요정의 아름다운 노랫소리에 취해 있는 동안 배가 암초에 부딪혀 물속에 잠긴다는 전설이 있음.

하인츠는 자신의 뒤에 어떤 여자가 있음을 알게 된다. 갑자기 그 여자가 하인츠를 칼로 찌르면서 하인츠는 정신을 잃게 된다. 하인츠의 머릿속에는 옛날 가족과 함께 했던 기억들이 주마등처럼 스쳐간다. 그의 지갑에는 언제나 그의 딸의 사진이 있을 정도로 그는 그의 딸을 무척이나 사랑했고, 그것은 그에게 있어서 언제나 행복한 추억이었다. 하지만 영화 속에서 직접적으로 드러나 있지는 않아도 그의 딸은 이미 이 세상 사람이 아닌 듯하다. 하인츠가 그의 딸을 환상을 보기 시작하면서 괴로워 했는 것으로 미루어 그의 딸은 추락사-- 그것을 암시하는 장면이 여기저기서 나온다--를 했고 그것은 하인츠에게 무척이나 괴로운 현실이었다.

한편 우주선 코로나는 더 이상 자기장을 견디지 못해서 이 지역을 빠져나가려 한다. 코로나가 이 지역에서 벗어나는 순간 에바의 장미모양의 우주선에 거대한 구멍이 생겨나고 만다. 이 구멍을 통해 각자의 머릿속에 떠오르는 추억들이 흩어지고 환상도 흩어진다. 우주선 내의 홀로그램들도 점점 사라져간다.

첫 번째 에피소드의 배경은 2090-2100년의 우주공간이다. 우주에 떠다니는 수많은 표류물, 난파 우주선, 폐기된 위성들을 정리하는 일을 하는 우주 쓰레기 제거반의 우주선이 등장한다. 아마 2090년 쯤에는 우주에서의 왕복이 빈번해져서 현재의 도로와 같은 문제를 가지게 될 지도 모른다. 버려진 위성, 사고가 난 우주선들, 그리고 남은 잔해들이 우주 공간에 떠돌 것이다.

여기에 등장하는 하인츠와 에바는 모두 과거의 아픈 기억을 가지고 있는 사람들이다. 에바는 화려했던 전성기와 연인과의 달콤했던 시간들을 잊지 못해 그리워하고 있고, 하인츠는 딸아이의 죽음으로 괴로워하고 있다. 이 두 인물의 대립관계가 영화의 절정을 이루게 되는데 여기서의 주된 관심은 과거의 기억에 관한 것이다.

에바에게 있어서 추억이란 언제나 아름다운 것이며 영원히 지속되어야 할 것이다. 그녀의 성에는 그녀가 무대 위에서 노래부르는 모습, 사람들의 환호, 화려한 샹젤리에, 연인과의 아름다운 추억 등의 행복했던 기억들이 영상으로 가득하다. 하지만 자신이 노래를 부를 수 없게 된 이후의 모습, 또 연인과의 헤어짐 이후의 아팠던 기억 등은 전혀 찾아볼 수 없다.

반면에 하인츠에게 추억은 어떤 것일까? 그는 행복했던 가족의 아침식사 모습을 기억한다. 그리고 동시에 그의 딸아이를 잃은 사고도 기억하고 있다. 그에게는 아름다운 추억과 아픈 추억 모두가 존재하는 것이다. 그에게 있어서 추억은 과거의 모든 것, 슬프거나 즐거운 모든 것을 말한다. 그러나 그에게도 유혹은 있었다. 에바가 (정확히 말하면 에바의 추억을 긴직힌 컴퓨터 소프트웨어가) 그에게 딸아이와 같이 살자며 달콤하게 속삭일 때 그는 그 프로그램 속으로 조금씩 빨려 들어가는 듯해 보였다. 그토록 그리워하던 딸아이가 자기에게 와서 생긋 웃으며 손을 이끄는데 넘어가지 않을 아버지는 없을 것이다. 하지만 하인츠는 이렇게 외치며 에바의 가상형상에 총을 쏴댄다.

"추억은 도망쳐 숨는 곳이 아니야."

추억은 혼자서도 간직할 수 있는 지극히 개인적인 것이다. 가족과의 추억이라 하면 특정 사건에 대해서는 모든 가족 구성원들이 같은 배경, 같은 일의 순서 등을 기억할 것이다. 하지만 개인의 그 사건을 경험하는 형태는 각기 다르므로 자신이 기억하는 부분도 당연히 각각 차이가 나기 마련이다. 이런 관점에서 본다면 에바의 행동 (개인의 행복만을 기억하는 일)을 나쁘다고 할 수는 없다.

그러나 기억에 사로잡혀서 남에게 해를 끼치는 등의 발전적이지 못한 결과를 낳는다면 옳지 못한 것임에 틀림없다. 에바는 자신의 추억을 위해서 다른 사람을 죽이려 하는 것이다. 과거는 현재의 계획과 발전에 도움을 주는 거울이어야 한다. 그 역할을 제대로 하지 못할 때의 과거는 그냥 과거일 뿐이라고 생각해야 하지 않을까? 이 영화에서 하인츠와 에바는 대비되는 주인공인데 에바는 끝없이 추억에 잠기려는 현실을 피하려 했지만 하인츠는 괴로운 현실이라도 도망치지 않고 받아들인다.

애니메이션 〈공각기동대〉에서 나타나는 기억의 다른 관점을 생각해 보자. 이 영화에서는 기억을 고스트라 부른다. 인간의 능력을 극대화시키기 위해 사람들은 인간의 뇌에 전자 기억회로를 이식하게 된다. 여기에 사람들의 기억, 즉 고스트가 담기는 것이다. 그런데 인형사라는 해커가 등장해서 사람들의 이 회로를 망가뜨린다. 사람들의 기억을 조작하는 것이다. 주인공은 자신의 정체성에 대해서 심각하게 고민한다. 나라는 것이 단지 전자 기억 회로 내에 저장되어 있는 소프트웨어인가 그렇지 않으면 무엇인가? 만일 내가 소프트웨어라면 프로그램이 바뀐 상황에서는 어떻게 되는가? 해커로 인해서 내 기억이 다른 사람의 기억으로 대체된다면 나라고 말할 수 있는 것은 무엇인가?

그런데 재미있는 것은 이 작품에서 인간을 뒤흔들고 있는 것은 과거의 기억인데 그런 과거의 나쁜 기억들이 사람이 죽은 뒤에도 한으로 남아 그 사람의 집이나 유품이나 혼령 같은 것에 남아있다고도 하고 그런 전설도 있다. 그런데 이 영화에서는 에바의 한을 담고 있는 것이 컴퓨터라는 설정이다. 하인츠의 경우, 죽은 딸아이가 살아 돌아와 같이 살자며 그를 혼란스럽게 만든다. 이는 홀로그램 같은 컴퓨터 프로그램에 의해 초상화 주인의 추억으로 빨려 들어가는 것이다.

이 영화에서의 기억은 곧 나의 정체성을 나타낸다. 자신이 경험한 것, 생각한 것들이 모여서 나를 만들어 가는 것이다. 과거의 경험들이 지금의 우리 모습을 만들어 낸 것은 분명하지만 그것에 갇혀 사는 것은 우리가 우리의 삶의 주인이 되지 못하는 것이다. 현재의 자신이 삶의 주체가 되어야 하는데 과거의 자신이 삶의 주체가 되어버린 것은 분명 불행한 일이다.

2) 두 번째 에피소드 - 채취병기 (Stink Bomb)

제약회사의 연구원으로 일하고 있는 다나카 노부오는 며칠 동안 감기에 걸려서 고생하는데 온갖 약을 먹어도 나을 기미가 보이지 않는다. 동료들이 새로 만든 해열제를 먹어보라고 권하고 노부오는 효능이 확실치 않은 약을 먹게 된다. 다나카가 약을 먹고 잠깐 잠든 후 일어나보니 주위의 모든 사람들이 다 죽어있는 것이다. 이 약은 국가 프로젝트의 일환으로 만들어진 신약으로 이 냄새를 맡은 사람은 죽게 된다. 다나카는 CCTV를 통해 대략적인 상황을 알게 되고, 국장에게서 국가에서 의뢰한 중요한 샘플과 소장의 연구자료를 동경으로 가져올 것을 지시받는다.

한편 동경으로 가는 다나카가 지나가는 지역에서는 사람들이 이유없이 죽어간다. 그래서 국가 전체에 비상사태가 선포된 상태이다. 방위청 본부에서는 제약회사의 간부들이 새로운 약품에 대해 진땀을 흘리며 설명하고 있고, 이 와중에 지금 벌어지고 있는 재앙의 원인이 다나카 때문이라는 것을 알게 된다. 이제 사태의 원인인 다나카를 제거하기 위한 많은 작전들이 시행된다. 육해공군이 모두 출동하여 다나카를 제거하려고 하지만 다나카의 몸에서 나는 가스냄새 때문에 모든 기계의 계기가 교란되어 모든 노력은 수포로 돌아간다. 결국 미군 사령관은 최후의 수단으로 NASA의 새로운 우주복을 이용하여 다나카를 생포하겠다고 말한다. 우주복을 입은 사람들이 다나카에게 접근하고 결국 가스의 수치가 떨어지고 있다는 반가운 소식이 들려온다. 미국의 작전이 성공한 것으로 안 사람들은 모두 환호하지만 막상 우주복을 입고 방위청으로 돌아온 사람은 다름 아닌 다나카 자신이었다.

두 번째 에피소드 채취병기는 씁쓸한 감을 떨칠 수 없는 블랙 코메디이다. 다소 수위가 높게 풍자되고 있는 일본의 모습은 비단 일본만을 이야기하고 있는 것 같지는 않다. 주인공인 평범한 샐러리맨 다나카가 겪는 일련의 사건들은 과장되긴 했지만 사회와 개인의 문제를 잘 보여주고 있다. 어느 날 갑자기 다나카는 최강의 인간 병기가 된다. 그렇지만 그는 끝까지 이런 사실을 모르고 단지 상사의 명령만을 수행하기 위해 움직인다.

다나카는 자신의 회사 사람들이 다 쓰러져 있는 것을 보고 도쿄에 있는 본사에 급히 보고하게 되는데, 본사의 담당자는 중요한 서류를 챙겨 아무도 모르게 도쿄로 오라고 지시한다. 도쿄로 가는 중 주위의 사람들이 모두 죽어가는 상황에서 처음에는 놀라고 두려워하지만 시간이 점차 지나갈수록 그리고 점점 그런 사람이 늘어나면 늘어날수록 그 사실에 대해 무관심해지고 아무렇지도 않게 생각하는 노부오의 태도는, 처음에는 어느 정도 다른 사람의 일에 신경을 쓰다가도 자신의 일이 점차 중요해짐에 따라 다른 사람들에 대해 완전히 무관심해 지는 현대인의 일반적인 모습을 나타내고 있는데, 감독은 이점을 비판하고 있는 것이다. 채취병기는 상사가 시킨 일에 대해서는 한 마디 불평 없이 그리고 아무런 의심 없이 그대로 행하는 노부오가 대표하는 현대 계급사회에 대한 모순과 부조리 그리고 이런 체제에 점점 무디어져가며, 결국에는 인식조차 하지 못하는 대중을 풍자하고 있다.

직장 상사 역시 자신의 밑에서 일하는 사람들을 도구 이상으로 보지 않는다. 그들은 부하에게 정보를 주지 않는다. 위험한 생체 무기를 개발하고 있다는 정보는 다나카 같은 말단 직원에게는 주어지지 않는다. 제약회사 임원들은 자신들의 책임을 회피하려고만 하고 자신들에게 피해를 줄 수 있는 사실들에 대해서는 되도록 협조하지 않는다. 다나카는 여기서 극단적으로 소외된 인간이다. 그가 먹은 약 때문에 그는 가족과도 같이 있을 수 없게 되어 버린다. 그의 주위를 둘러싸고 있는 누런 안개는 그와 사람들 사이에 놓여있는 거대한 벽인 것이다.

두 번째 에피소드에서 우리가 주목한 것은, '노부오는 자기 자신이 어떤 위치에 처해 있는지 스스로 판단하지 못하는 점'이다. 그로 인해 사람들이 죽어나가고, 자기를 제외한 다른 모든 사람이 죽어버리는데도 자기는 그것이 다 자기 때문인지를 깨닫지 못한다. 오로지 '약의 샘플을 도쿄본사'로 가져가야 하는 것, 즉, 자기에게 주어진 임무만을 맹·목·적·으·로 생각하고 있다. 현대인의 모습을 상징하고 있는 것이다.

현대인이 자기 삶의 진정한 의미를 찾지 못하고 많은 책임과 역할만을 오직생각하면서 살아가는 모습은 분명 비판받을 만하다. 그는 분명 자기에게 주어진 일을 하지만 결코 옳은 일만은 아닐 수도 있다는 것을 깨우쳐야 한다.

3) 세 번째 에피소드 - 대포의 거리 (Cannon Fodder)

"대포의 거리"는 대포로 이루어진 섬들의 나라를 배경으로 하고 있다. 이 나라는 오직 대포를 통해 상대 국가를 공격하는 것을 목표로 하고 있다. 따라서 나라 안의 모든 사람들도 대포를 쏘기 위해 존재한다. 이 에피소드는 한 소년이 아침에 일어나서 밤에 잠들기까지의 일과를 관찰자적 시점에서 보여주고 있다. 아이는 일어나자마자 군복을 입고 있는 대포수의 그림 앞에 경례를 한다. 군대 속에서의 경직된 분위기 속에서 아침 식사를 끝낸 후 아이와 아버지는 각각 학교와 일터로 향하게 된다. 아버지의 일터 역시 대포이다. 이곳에서는 모든 일이 대포를 발사하는 과정에 따라 나뉘어진다. 급탄수들이 대포알을 장전하면 대포수들이 발사하게 된다. 모든 일과는 대포를 발사하는 반복적인 과정의 연속이다.

중요한 것은 아무도 왜 대포를 발사하는지 알지 못한다는 것이다. 그들은 단지 대포를 쏘는 일이 옳은 일이라는 언론과 윗사람들의 말에 따라 그저 하던 대로 대포를 계속 쏘는 것이다. 거리에서는 데모가 벌어지고 있지만 일반 노동자들은 이에 무관심하다. 그들은 마치 기계처럼 하루하루를 살아갈 뿐이다.

다시 하루 일과가 끝나고 화면은 소년의 집을 비추고 있다. 아이는 자신이 멋진 포수가 되어 있는 그림을 그린다. 소년은 자신이 아버지처럼 되지 않겠다고 다짐하면서 잠자리에 든다. 아마 내일도 똑같은 하루가 반복될 것이다.

세 번째 에피소드는 전쟁을 준비하는 나라에 사는 한 가정의 이야기를 보여주는데 아이는 아침에 일어나면 전쟁을 이끄는 장군에게 경례를 하고 크면 대포를 쏘는 사람이 될 거라고 말한다. 어머니는 군수공장에서 아버지는 대포를 만들고 장착하는 일을 한다. 대포가 최고의 가치인 사회인 것이다.

도시 사람들이 타고 다니는 역의 이름도 그곳에 위치한 각 포대의 번호이다. 모든 집들은 크고 작은 대포로 이루어져 있으며 어른들은 하루

종일 포탄을 만들고 포를 닦고 포탄을 장전하고 발사한다. 아이는 학교에서 포격에 관련된 공식을 배우며 아버지처럼 장전수가 아닌 포격수가 되겠다면 다짐한다. 도시 사람들은 승리를 위해서 싸우자는 플랜카드와 종이쪽지가 곳곳에 붙어있는 살풍경한 도시 속에서 자신들의 도시와 싸우는 적이 누구인지, 있는지조차 생각지 않고 단지 져서는 안 된다는 공포감에 그들은 매일 대포에 얽매여 사는 것이다. 일을 마치고 집으로 돌아오면 하루의 성과를 말하는 텔레비전 속 아나운서와 만화 대포 가족 그 외에 가족이나 다른 이웃 간의 대화와 왕래는 거의 볼 수가 없다.

아이의 꿈은 대포를 직접 쏘는 장군이 되는 것이다. 아이의 꿈은 오직 그것 하나이다. 다양성이 결여된 사회, 오로지 전쟁을 위해 존재하는 국가에서 아이의 꿈은 밝은 것이 아니다. 학교 선생님은 수학 시간에 정확한 탄도 계산을 위해 싸인, 코싸인 함수를 가르친다. 아버지와 어머니는 똑같은 일상을 반복한다. 하루하루를 살기 위해 노력하지만 사회가 어떤 방향으로 돌아가는지를 알지 못한다. 사회의 부속품, 권력을 가진 자의 하수인으로 비쳐지는 이들은 그런 사실을 의식하지 못한다. 이들 모두 전쟁을 왜 하는지, 전쟁의 대상은 누구인지 알지 못한다. 아이가 아버지에게

"우리 누구하고 전쟁하는 거예요?"

라는 질문을 하는데 아버지는 대답하지 못한다. 주체성이 없는 삶을 살아가고 있는 이들은 낡은 관념을 대변하는 듯하다. 대포에 종속된 삶, 대포는 인간이 만들었지만 대포에 지배되는 삶을 살고 있다.

이런 점 때문에 세 번째 에피소드의 전체적인 느낌은 우울하다. 회색조의 색깔에 고철 느낌의 배경이 전쟁의 암울함을 나타내는 듯하다. 전쟁의 특수성으로 인해서 사회에는 활기가 없다.

세 번째 에피소드는 세 개의 에피소드 중 가장 인상적인 그림형식을 취하고 있다. 앞의 두 에피소드는 흔히 볼 수 있는 애니메이션의 그림형식이지만 세 번째 에피소드의 그림형식은 다분히 실험적이라 할 수 있다. 마치 인형같이 보이는 사람들과 목탄으로 칠한 듯한 투박한 채색에 거친 선들은 크로키방식으로 그린 그림들의 연속 같아 보인다. 왜 세 번째 에피소드만 이런 특이한 표현방식을 가지고 있을까. 세 번째 에피소드의 주제는 분명 대포도시의 일상과 소년이 꿈꾸는 장래희망에 대해 초점이 맞추어져 있다. 소년의 꿈과 희망에 대한 긍정적인 메시지를 표현하려면 좀 더 밝은 이미지와 깔끔한 선 처리 등이 필요하겠지만 세 번째 에피소드에서 취한 그림형식은 그와는 정반대로 암울하기 그지없는 색상들과 투박한 선들이다. 이것이 말하는 의미는 무엇일까?

세 번째 에피소드의 암시적인 메시지는 소년의 희망과 꿈을 얘기한다기보다는 미래에 대한 터무니없는 망상, 대포를 누구를 향해 쏘는지, 장전수가 무엇을 하는 것인지 아주 막연한 상상만을 가지고 미래를 생각하는 태도를 경계하는 것이다. 세 번째 에피소드에서 취한 이러한 실험적인 표현기법인 어두운 채색과 투박한 선들은 소년의 꿈과 희망 미래가 밝을 것이 없다는 것과 연관지어 생각할 수 있을 것이다.

세 번째 에피소드에서 제기되는 문제는 이데올로기와 개인의 관계이다. 대포도시의 사람들은 이데올로기에 희생되어 있다. 그들은 자신들이 갖고 있는 이데올로기가 제시하는 삶의 방식밖에는 알지 못한다. 사람들은 자신들의 일이 옳고 그름을 떠나 무엇을 하고 있는지도 모르는 것이다. 그들은 적이 있기 때문만은 아니고 어떤 이유에선지 대포를 쏘아야만 한다고 생각하는 것 같다. 대포도시에서 가장 암울한 장면은 이미 변화나 가능성을 기대할 수 없는 부모 세대가 아닌 아이가 그리는 자신의

미래상이다. 그 아이에게는 수많은 가능성이 있을 수 있지만 대포도시는
아이의 미래를 빼앗아 버렸다.

3. 인간의 소외문제

소외[24] 현상은 말할 필요도 없이 어느 시대나 어느 사회에서도 목격
할 수 있는 현상으로서 결코 현대 특유의 이상 현상으로 취급할 수 없
다. 그러나 현대사회에 만연되어 있는 소외는 그 규모·양상·성격으로
보아 과거 어느 시대에 있어서 보다도 전면적·보편적·심층적이다. 파
펜하임에 의하면 소외는 근대 이전의 사회에서도 존재했으나 그 현상은
산발적인 것이었고 소외가 현저해진 것은 상품생산을 향한 경향이 보다
확고하고 보편화된 자본주의 발전단계에 이르러서이다. 따라서 근대 이
전의 소외는 우리 시대의 소외처럼 강력한 힘을 가진 것은 아니었음을
그는 말하고 있다.

소외란 인간이 자신의 경험 중에서 자기 자신을 낯선 사람인 양 경험
하는 것을 말한다. 이를테면 소외된 인간은 그 자신으로부터 소원해진
나머지 스스로를 자기세계의 중심, 자기행동의 창출자로 느끼지 않고 그
의 행동과 그 행동의 결과가 그의 주인이 되어 그는 이 주인을 순종하
고 심지어는 숭배하기까지 하기에 이른다. 소외된 인간은 타인으로부터
접촉이 끊어져 있듯이 자기 자신과도 접촉이 단절되어 있다. 그는 자기
자신을 마치 사물을 대하듯이 대하게 된다.

이와 같이 프롬은 소외를 자기 소외로 규정하여 자아를 완전히 상실

---

24) 소외는 원래 라틴어 alienatio(소외, 외화: 타인에게 한 사물에 대한 소유권을 양도
함)와 alienare(양도하다, 소외시키다, 양분하다 낯선 힘에 종속시키다. 차인에게 넘겨
주다라는 뜻이다)에서 유래한 것이다.

한 정신이상자를 절대적으로 소외된 인격으로 해석했다. 마르크스는 노동자 계급을 가장 소외된 계급이라고 인식한다. 그러나 프롬에 있어 소외의 주체는 노동자에게 한정된 것이 아닌 인간일반이거나 인간 그 자체를 뜻한다.

사실상 소외는 인간 대다수의 저버릴 수 없는 운명에 불과하다. 현대 사회에서 우리가 찾아볼 수 있는 소외는 거의 전면적인 것이다. 소외는 인간의 모든 활동까지 스며들어 왔으며 인간이 사용하고 있는 사물, 국가, 동료, 심지어 자기 스스로에게까지 파급되고 말았다.

소외를 정의해 보면, 소외란 사회적 혹은 역사적 상황 속에서 인간들의 관계가 사물들 간의 관계로 나타나고 인간의 물질적-정신적 활동을 통해 산출된 생산물, 사회적 관계, 제도 및 이데올로기가 오히려 인간을 지배하는 낯선 힘으로서 인간과 대립할 경우 이 관계 및 전체상황을 말한다.

메모리즈에 나오는 세 개의 에피소드를 인간 소외 현상의 측면에서 살펴보기로 하자. 메모리즈(memories)라고 하면 보통 '기억'이라는 사전적 의미만을 먼저 생각하게 된다. 하지만 조금 더 그 의미를 확대해석하면 인간의 본능과 머릿속에 내재된 잠재의식, 추억, 생각 등을 모두 의미한다고 파악할 수 있다. 그런 의미에서 이 〈메모리즈〉를 구성하는 각 에피소드는 과거, 현대, 미래에 대한 메모리즈에 관련된 이야기이다.

첫 번째 에피소드는 2092년의 일이지만 과거에 대한 이야기라고 할 수 있다. 주인공인 에바는 과거에 지나치게 집착하는 사람이다. 우리는 살아가면서 육체와 정신이 성장을 하게 되고 변화를 하게 된다. 현재는 자연스럽게 과거가 되며 미래도 현재가 되었다가 다시 과거로 돌아간다. 과거에 대한 추억 중에는 아름다운 추억도 있고 아름답지 않은 추억도 있기 마련이다. 이 모든 추억들이 오늘의 나를 만들었기 때문에 추억들 모두가 소중한 것임에는 틀림없다. 그러나 무슨 일이든 지나치면 좋지 않지만 아름답고 화려한 과거의 추억을 지나치게 집착하게 되면 현실에 소홀해지고 현재를 무시하게 된다. 에바의 경우는 현재의 자신 모습에 충실하기보다는 화려했던 과거의 자신을 기억하고 싶어 하는 사람이다. 그런 사람은 현재의 자신의 모습이 낯설고 과거의 자신의 모습에 빠지게 된다. 몸은 현실에 있지만 정신과 마음은 과거에 있는 이상한 존재이다.

반면에 하인츠는 "추억은 도망쳐 숨는 곳이 아니야"라고 말하면서 과거보다는 힘들고 괴로워도 자신의 현실을 받아들인다. 그리고 곧 이어 나오는 우주선이 폭발하는 장면에서는 많은 시체들이 뿜어져 나오는데 그것은 그 동안 에바의 홀로그램에 빠져 '추억에 안주하는' 사람들의 최후를 보여준다. 〈공각기동대〉에서도 인형사는 쿠사나기와의 융합을 제의하면서 현재의 자기 모습에 집착하지 말라고 말하며 설득한다.

쿠사나기와의 융합은 그의 말대로 "자신으로 남으려는 집착, 또는 제약을 버리고 더 높은 신분구조로 이동하는 것이다. 파국을 피하기 위해 다양성과 불명확성을 가지고 싶다"라고 말하는 인형사는 파국, 즉 생명으로서의 자신의 존재의 소멸에 대한 두려움과 생명으로서의 완전함을 이루고픈 소망을 드러내고 있다. 우리가 집착하지 말아야 할 것은 과거만은 아니다. 무엇이든 집착을 한다는 것은 변화에 대해 소극적 태도를 취하는 것이다.

두 번째 에피소드는 우스꽝스러운 코미디인데, 첫 번째 이야기와는 달리 눈앞의 주어진 현실의 일에만 지나치게 충실해서 벌어지는 해프닝이다. 여기에서 우리는 사회와 개인의 관계에 대해 살펴볼 수 있다. 다나카는 사회에서 하나의 부품처럼 살아가는 사람으로서 소외된 삶을 살아가는 전형적인 현대인이다.

프랑크푸르트 학파의 비판이론가들은 자본주의를 포함한 현대 문명 전반에 걸쳐 소외의 문제를 제기한다. 다시 말하면 소외라는 말로써 이들이 비판하는 대상은 자본주의든 사회주의든 이른바 현대산업사회이다. 이들은 현대 사회의 기본특징을 인간이성의 도구화로 본다. 이들에 따르면 인간의 이성은 원래 종교나 신화로부터 인간을 각성시키는 계몽의 역할을 담당했는데 역사가 흐르면서 이성의 계몽적인 힘은 점차 약화되었고 상대적으로 도구적 합리성과 기술적 합리성이 강화되어 이성을 장악했다고 한다. 그런데 이러한 도구적, 기술적 이성은 바람직한 목표를 반성하지 못하고 오로지 주어진 목표를 효율적으로 달성할 수 있는 수단에만 관심을 기울이는 이성이다. 만일 이성이 이러한 도구적 이성에 매몰되면 인간의 삶은 모든 면에서 효율성만을 지향하며, 스스로는 자신의 이성이 만들어낸 효율성의 제도적 수단에만 종속되는 위치로 전락하고 만다. 이들의 주장에 따르면 발달한 기계장치와 거대한 관료조직, 그리고 강력한 권위주의를 제도화한 현대산업사회가 바로 그런 사회라는 것이다.

현대 산업사회 비판의 형태로 나타나는 비판이론가들의 소외론은 대체로 다음과 같이 두 가지로 요약할 수 있다. 첫째로, 과학기술의 발전과 관료조직의 성장으로 인간이 일종의 로봇이 된다는 것이다. 인간은 기계의 한 부속품 내지 조직의 일원으로 기계가 명령하고 조직이 움직이는 대로 수동적으로 따르기만 한다. 다시 말해서 인간은 거대한 기계 체계가 자신의 손을 떠나 그 자체의 법칙에 따라 작동하면 어쩔 수 없이 거기에 봉사하는 종의 위치로 전락하며, 또 거대한 조직의 힘에 이끌려 일차원화, 획일화되는 가운데 마침내 주체성을 잃어버린다는 것이다. 둘째로 현대 사회는 철저한 개인주의 사회이기 때문에 인간은 서로가 서로에 대해 단절되어 있다는 것이다. 혈연이나 자연과 같은 자연적인 유대를 상실한 인간은 자기 자신 이외에 자신을 돌봐 주는 사람이 아무도 없다. 따라서 공포와 불안의 심리로부터 하루빨리 벗어나기 위해서 어떤 보이지 않는 강력한 권위에 자신을 내맡기고 싶어 한다. 이들에 의하면 파시즘과 전체주의 국가는 바로 이러한 소외가 현실로 드러난 것이다.

세 번째 에피소드는 인간이 만든 대포라는 가치 내지 이데올로기가 인간을 지배하고 있는 이야기이다. 세 번째 이야기에서 끔찍한 것은 오로지 대포를 중심으로 돌아가는 사람들의 삶의 모습이지만 더 끔찍한 것은 그 기성세대의 가치관과 이데올로기에 의해 자라나는 아이의 미래이다.

동물들은 본능에 의해 움직이면서 살아가지만, 인간은 동물들과는 달리 매우 빈약한 본능구조를 갖고 있다. 그래서 인간은 문화의 전통과 스스로 창조한 이념 체계에 의해 빈약한 본능구조를 보충하여 살아간다. 문화의 전통 속에 담겨 있어서 인간의 삶의 방향을 제시하고 인간의 행동을 결정하는 모든 요소들과 이념들의 체계가 이데올로기이다. 이데올로기는 보통 정치적 이념이나 신조를 가리킬 때 사용되지만, 넓은 뜻으로는 인간의 삶을 총체적으로 지배하는 사회의식 전체를 말한다.

벨은 이데올로기를 문화와 정치의 상호작용으로 간주한다. 이데올로기는 어떤 신념을 실현시키기 위해 인간을 동원하려 하는 사회적 운동을 말하는 것이며, 이런 정치적 공식과 열정들의 융합한 형태로서의 이데올로기는 신념과 도덕적 확신을 제공하며 이에 따라 목적이 비도덕적 수단을 정당화하기 위해 사용되어지기도 한다. 이런 운동에 있어서 개개인들의 각성은 때로는 그들이 이데올로기를 버리는 것으로 결과하기도 하며, 또는 그런 운동이 권력을 잡게 되면 이데올로기가 인민의 복종을 강요하기 위해 통치자에 의해 사용되어지는 강압적 수단이 되기도 한다.

만하임(K. Mannheim)은 이데올로기와 사회의 상호관계에 대해 말하고 있다. 만하임에 의하면 과학은 그 비당파성과 정열을 배제한 합리성으로 인해 객관적인 것인데, 이데올로기는 당파적이고 계급적인 성격을 가졌기 때문에 언제나 주관적이며 따라서 현실에 대한 참다운 인식을 왜곡한다는 것이다. 만하임에 의하면 이데올로기는 언제나 그 사회의 지배계급의 이익을 반영하는 것으로서 사회구조의 현상유지를 지향하는 것이며 따라서 보수적인 성격을 가지고 있다. 반면에 유토피아는 저항하는 사회집단의 의식 또는 그 사회에 대한 이론을 말한다.

세 번째 에피소드에서 지배계급은 전쟁준비로 사회전체를 무장시키고 있으면서도 기득권 유지를 위해 일반사람들의 인식을 철저하게 왜곡시키고 있다. 일반 사람들은 매일 노동으로 혹사당하면서도 그런 삶의 진정한 모습을 자각하지 못하고 있으며 자식에게도 그런 삶을 이어가게 하고 있다.

세 개의 에피소드에서 공통적으로 드러난 것은 대부분 소외된 삶을 살아가는 사람들의 경우 상호간에 의사소통이 부재하다는 것이다. 즉 어떤 것에 집착해 있거나 몰두해 있어서 다른 것을 보려고 하지 않으며 다른 사람과의 대화도 부재하다. 에바도 그렇고 다나까 노부오도 예외가 아니며 대포거리에 나오는 가족들도 화목하지만 진정한 대화를 나눈다고 볼 수는 없다.

참고문헌

강은진 · 현은자(2001), "유아교사의 애니메이션 활용실태 및 인식: 디즈니 애
　　　니메이션을 중심으로", 유아교육연구 제21권 제2호.

김용석(2000), 『미녀와 야수, 그리고 인간』, 푸른 숲.

김우창 외 지음(1999), 『(영상문화학을 위하여)이미지는 어떻게 살고 있는
　　　가』, 생각의 나무.

김지석(1996), 『아시아 영화를 다시 읽는다』, 한울, 서울, 1996

김현수, 양숙희(1999), "사이버 펑크 패션의 미의식--시뮬라크르 개념을 중심
　　　으로", 『복식문화연구, 제7권 제 5호,

민경환(1993), "소외의 심리학적 개념화", 한국심리학회지, 제7권 제1호.

민병록, 이승구, 정용탁 지음, 『영화의 이해』 집문당, 서울, 2000

박기수(2004), 『애니메이션 서사 구조와 전략-애니메이션 서사가 힘이다』,
　　　논형.

박동숙 · 전경란(2000), "<포켓몬스터>의 재미요인 분석-만화영화 텍스트를 중
　　　심으로", 한국언론학보 제 44-3호 2000 여름 한국언론학회.

박성수(1999), 『영화·이미지·이론』, 문화과학사.

박승위(1996), 『현대사회와 인간소외』, 영남대학교 출판부.

박인하(1999), "일본 애니메이션 장르연구-마법 소녀를 중심으로", 『만화애니
　　　메이션 연구』 통권3호.

박인하 외(1999), 『일본 애니메이션 아니메가 보고 싶다』, 교보문고.

박정배(2000), 『세계를 감동시킨 애니메이션이야기』, 초록 배매직스.

박정배, 강재혁(1999), 『아니메를 읽는 7가지 방법』, 미컴.

변영란(2001), "애니메이션의 변천사와 미야자키 하야오(宮崎 駿)에 관한 연구", 디지털 디자인학연구 2권.

서혜옥(2001), 애니메이션이 청소년에게 미치는 영향에 관한연구, 『만화애니메이션연구 통권 제 5호』, 한국만화애니메이션학회.

심경석(2001), "월트 디즈니 만화영화 <인어공주>, <미녀와 야수>, <라이언 킹>의 정치성과 순진성", 문학과 영상, 2001년 가을.

안영순(2001), "애니메이션의 구출과 탈출의 플롯에 관한 연구-<토이스토리>, <토이스토리2>, <키친 런>을 중심으로", 『만화애니메이션연구』 통권 제5호.

양운덕 지음, 이가경 그림(2001), 『피노키오는 사람인가, 인형인가?』, 창작과 비평사.

유지나·변재란(1998), 『페미니즘/영화/여성』, 한울아카데미.

유평근, 진형준(20001), 『이미지』, 살림,

이나바 신이치로 지음, 정윤아 옮김(1996), 『미야자키 하야오의 나우시카를 읽는다-유토피아란 무엇인가』, 미컴.

이상복(2001), 『디지털 애니메이션』, 초록배 매직스.

이애숙, 김종덕(1999), 『일본문학 산책』, 한국방송통신대학 출판부.

이영음, 홍석경(1999), 『영상학개론』, 참미디어.

이정아(1998), "디즈니 만화영화에 나타난 성과 사랑", 『만화애니메이션 연구』 통권 제 2호, 한국만화 애니메이션학회.

이종승(2000), "영화에 나타난 소외의식 연구-SF 영화를 중심으로 -," 동국대학교 대학원 연극영화학과 석사학위논문.

이진경외 지음(2002), 『이것은 애니메이션이 아니다』, 문학과 경계사.

이효범(1990), 『심리철학의 근본문제』, 소나무.

임윤미(2003), "고등학교 환경윤리교육 체계분석", 인천대학교 교육대학원 국민윤리교육전공, 석사학위논문.

전범준, 신진아(2000), 『애니메이션은 나에게 꿈꿀 자유를 주었다』, 고려문화사.

전윤경(2001), 『영상과 시나리오』, 건국대학교 출판부.

정동희(1999), 애니메이션작가 미야자키 하야오의 작품분석 : "붉은 돼지"를 중심으로, 경희대학교 언론정보대학원 석사학위논문,

조대현(1999), 문화융합 매체로서 애니메이션 특성에 관한연구, 만화애니메이션연구 통권 제3호,

조재홍, 이남진 엮음(1997), 『세계영화기행1, 2』, 인디컴.

존 할라스 지음, 황선길 · 박현근 옮김(2002), 『세계 애니메이션 작가와 작품』, 범우사.

한국만화애니메이션학회 엮음(1999), 『일본 애니메이션의 분석과 비판』, 한울 아카데미.

한국애니메이션학회엮음(1999), 『일본애니메이션의 분석과 비판』, 한울아카데미.

황선길(1998), 『애니메이션의 역사』, 범우사.

황선길(1998), 『애니메이션의 이해』, 디자인하우스.

황의웅(1997), 『미야자키 하야오의 세계 토토로를 아시나요?』 도서출판 예솔.

황의웅(2000), 『미야자키 하야오는 이렇게 창작한다』, 시공사.

황의웅(2000), 『아니메를 이끄는 7인의 사무라이』, 시공사.

황의중(1998), 『미야자키 하야오의 세계』, 도서출판 예솔.

Bell, D.(1966), "The End of Ideology in Soviet Union?" Marxist Ideology in the Contemporary World - Its Appeals and Paradoxes by Milorad M. Drachkovitch (Editor)(1966).

Falzon, Christopher(2002), Philosophy goes to the movies, Routledge.

Freeland, C. A. and Wartenberg, T. E.(coeditor)(1995), Philosophy and Fil m, Routledge.

Fromm, E.(1968), The Revolution of Hope: Towards a Humanized Technol ogy(New York: Harper & Row, Bantam Books.

Fromm, E.(1990), The Sane Society, Henry Holt & Company, Incorporated.

Hall, C. S.(2000), A Primer of Freudian Psychology, 백상창 옮김, 『프로이 트심리학』 문예출판사.

Hayward, S.(2000), Cinema Studies:The Key Concepts (London and Newyo 가:Routledge).

Hearne, B.,(1989), Beauty and the Beast: Vision and revions of an old tal e, Chicago: University of Chicago Press.

Horkheimer, M.(1967), Zur Kritik der instrumental Vernunft, Frankfurt(M).

Kahler, E.(1957), The Tower and the Abyss, New York: Braziller,).

Kaufmann, W.(1970), "The Inevitability of Alienation" (Introductory Essay), R. Schacht, Alienation (Garden City, New York:Doublesay & Co. Inc.).

Keniston, K.(1960) The uncommitted:Alienated youth in American society N ew York :Dell.

Khun, A.(1990), Alien Zone:Cultural Theory and Contemporary Science Sci ence Fiction Cinema (New York:Verso).

Koenig, D.,(1997), Mouse under Glass: Secrets of Disney Animation & The
        m Parks, Bonaventure Press, California, 서민수 옮김, 『애니메이
        션의 천재 디즈니의 비밀』, 1999, 현대미디어.

Kuenz, Jane.(1993), "It's a Small World After All: Disney and the Pleasures
        of Identification." South Atlantic Quarterly 92.1 (1993): 63-88.

Kuhn, T.,(1970), The Structure of Scientific Revolutions, Chicago: Universit
        y of Chicago Press. 조형 옮김, 이화여대출판부.

Lemberg, E.(1977), Anthropologie der ideologischen Systmeme, Franfurt a
        M.,

Litch, M. M.(2002), Philosophy through film, Routledge.

McCarthy. H.,(1993), Anime:A Beginners' Guide to Japanese Animation, Lo
        ndon: Titan Books

Opie, Peter and Iona (eds)(1974). "The Classic Fairy Tale." In Fairy Tales.
        New York: Oxford University Press.

Pappenheim, F.(1962), "Alienation and Society", 형성사 편집부편(1982),
        『역사, 소외, 저항, 혁명』.

Rowe, K. E.,(1979), "Feminism and fairy tales," Woman's Studies: An Inter
        disciplinary Journal, 6.

Ryan, Michael, and Douglas Kellner.(1990) Camera Politica: The Politics an
        d Ideology of Contemporary Hollywood Film. Bloomington: Indian
        a University Press, 1990.

Segal, J. L.(1991), Agency and alienation:A theory of human presence. Sa
        vage, Maryland: Rowman & Littlefield.

Shils, E.(1955), "The End of Ideology?" in Encounter, Bd. V. September.

Showalter, E.,(1997), "Disney meets feminism in a liberated love story the '90s," Premiere: The movie magazine, 71(2), 1997, Oct., p.63.

Susan, S.,(1999), "Gothic drama in Disney's Beauty and the Beast", Critical Studies in Mass Communication 16, no. 3, sep. pp. 350-369.

Thimothy Leary(1994), "Counterculture", in Chaos and Cyber Culture, Ronin Pub., Inc., 홍성태 엮음, 『사이버공간, 사이버문화』, 문화과학사 (1996).